Jo Readman

Ces herbes
qu'on dit mauvaises

Terre Vivante

Titre original : Weeds - How to control and love them

© Search Press Ltd.,
Wellwood, North Farm Road,
Tunbridge Wells, Kent TN2 3DR, GB, 1991
en collaboration avec
The Henry Doubleday Research Association,
National Centre for Organic Gardening
Ryton-on-Dunsmore,
Coventry CV8 3LG.
ISBN 0 85532 693 X

© Texte : Henry Doubleday Research Association

© Edition française : Terre Vivante, Paris, 1993

ISBN 2-904-082-46-8
ISSN 0-764-020-X

Traducteur : Claude Aubert
Photos de la couverture : Karin Mundt
Maquette de la couverture : Bernard Flageul
Illustrations : Polly Pinder
Photos : Charlotte de la Bedoyère, sauf les photos
de tussilage (Pat Donovan) page 25 ; spergule (John
Fisher) page 35 ; peigne-de-Vénus (Athur Hoare)
page 33 ; circée de Paris page 13 ; prêle page 15 ;
ficaire page 21 ; consoude page 23 et pensée
sauvage page 37 (Jo Readman).

*Le catalogue des ouvrages publiés par Terre Vivante
est disponible, sur simple demande, chez l'éditeur,
6, rue Saulnier, 75009 Paris. Tél : 42.46.37.88.*

Introduction

On donne en général le nom de "mauvaise herbe" à toute plante qui ne se trouve pas à la bonne place. Cette définition peut s'appliquer à de facétieuses pommes de terre surgissant là où elles ne devraient pas, à des stolons de fraisiers se faufilant au milieu de vos légumes, et même à des légumes ayant trouvé le moyen de pousser, sans qu'on les y invite, parmi les massifs de fleurs. Dans la pratique, lorsque nous parlons de mauvaises herbes, nous pensons à des plantes telles que le chiendent, le mouron, le polygonum ou le redoutable pissenlit.

Pourquoi ces plantes deviennent-elles des mauvaises herbes ? Tout d'abord parce qu'elles entrent en compétition avec les légumes, les fleurs ou le gazon pour la lumière, l'eau et la nourriture. Elles peuvent également renfermer des substances toxiques, héberger des ravageurs ou des maladies.

Mais le principal problème, c'est leur ténacité. Elles sont bien décidées à rester là où elles se trouvent, ou à y revenir à la première occasion.

Elles profitent à fond de votre travail dans le jardin, prenant rapidement possession du sol que vous venez de préparer.

Dans la nature, ces "mauvaises herbes" sont des plantes sauvages hautement compétitives, capables de coloniser rapidement un sol nu ou une terre constamment remuée. Elles sont "programmées" pour survivre.

Certaines sont capables de se régénérer à partir d'un petit morceau de racine ou de tige. D'autres produisent des milliers de graines qui germeront, se développeront et donneront à leur tour des graines en quelques semaines.

Les mauvaises herbes ont des effets bénéfiques. Certaines améliorent le sol, d'autres attirent des insectes auxiliaires, d'autres encore sont comestibles. Beaucoup furent utilisées dans le passé pour leurs propriétés médicinales. Et puis on oublie souvent que bon nombre d'entre elles sont de magnifiques fleurs sauvages. Donc, réfléchissez bien avant d'arracher votre prochaine mauvaise herbe.

La première partie de ce livre décrit et montre de nombreuses mauvaises herbes communes et quelques autres moins répandues. Leurs propriétés et la manière dont elles se développent y sont également évoquées. Puisqu'il faut, dans certaines situations, éliminer les mauvaises herbes, la seconde partie du livre traite des méthodes non chimiques permettant d'y parvenir.

Biologie des mauvaises herbes

Lorsque vous aurez compris comment fonctionnent et se comportent vos mauvaises herbes, vous arriverez peut-être à en tolérer certaines. Cela vous aidera également à contrôler leur développement d'une manière efficace et naturelle. Les mauvaises herbes prospèrent car :

● Elles se multiplient rapidement, par semis ou de manière végétative.

● Ce sont des plantes "agressives", qui poussent vite et sont d'une résistance à toute épreuve.

● Elles sont capables de s'adapter rapidement à des conditions défavorables.

● Elles vivent en association et constituent rarement une "monoculture".

● Elles sont, en général, plus résistantes aux maladies que les plantes cultivées.

Cycle végétatif

Les mauvaises herbes peuvent être annuelles, bisannuelles ou vivaces.
Les annuelles se développent à partir d'une graine, fleurissent, produisent des graines et meurent dans la même année (voir page 6).
Certaines d'entre elles peuvent avoir plusieurs cycles complets dans la même année (voir page 6).
Les bisannuelles mettent deux ans à réaliser leur cycle (voir page 7).
Les vivaces vivent plus d'un an et souvent de nombreuses années (voir page 7).

Graines

De nombreuses espèces de mauvaises herbes - notamment les annuelles - se reproduisent par graines. Cela leur permet de faire face à des conditions changeantes :
● Les graines survivent aux périodes sèches, froides ou chaudes.

● Les graines peuvent voyager sur de grandes distances, augmentant ainsi leurs chances de trouver un point de chute favorable.

● En cas de maladie, elles peuvent repartir de la graine, qui, le plus souvent, reste saine.

Pollinisation

De nombreuses mauvaises herbes, par exemple le pissenlit, sont apomictiques et peuvent produire des graines sans fécondation. D'autres, comme la bourse-à-pasteur, sont autogames : chaque fleur se féconde elle-même et la plante peut donc se reproduire même si elle est isolée.

Le nombre fait la force

Un morceau de terrain de 30 cm2 peut contenir jusqu'à 5 000 graines. Les mauvaises herbes produisent souvent d'énormes quantités de semence.

Plante	Type	Graines par plante
Grand plantain	Vivace	14 000
Liseron des champs	Vivace	600
Laiteron	Annuel	21 000 à 25 000
Chénopode blanc	Annuel	70 000
Séneçon commun	Annuel	1 000
Mouron	Annuel	2 500

Les annuelles à cycles multiples donnent moins de graines que les autres mais elles ont tout autant de descendants. Le mouron a un cycle de seulement sept semaines et un seul pied peut donner jusqu'à 15 millions de plantes par an.

La dissémination

Certaines graines de mauvaises herbes disposent de techniques étonnantes pour assurer leur dispersion. Les plus opportunistes savent tirer profit du vent, de l'eau, des fourrures, des plumes, des fourmis, des déjections d'oiseaux, des chaussures et de mille autres choses.
● *Le vent* : des plantes comme le pissenlit ou le séneçon sont pourvues de "parachutes" fort bien conçus qui les emmènent dans les airs. Les épilobes ont des "cheveux" qui donnent prise au vent, tandis que le sycomore et le frêne - mauvaises herbes arborescentes - produisent des graines ailées.
Certaines graines minuscules, comme celles de la sagine, sont facilement disséminées par le vent.

Pissenlit

On a vu des graines de sycomore parcourir jusqu'à 4 km, des graines de tussilage 14 km et des graines de séneçon plus de 100 km.

● *Le tube digestif des animaux* : nombreuses sont les graines de mauvaises herbes qui peuvent survivre à la traversée du tube digestif des animaux.
Par exemple celles de la moutarde, de la persicaire, du chénopode blanc et de la ronce. Il arrive même qu'elles germent plus facilement lorsqu'elles ressortent à l'autre bout.

● *Le corps des animaux* : certaines graines de mauvaises herbes, comme le gaillet gratteron, la bardane, ou la circée de Paris, sont équipées de crochets ou d'ergots à l'aide desquels elles s'accrochent à qui passe par là. Les graines de bourse-à-pasteur sont couvertes de mucilage, et par temps humide, collent facilement aux pattes des oiseaux et autres animaux.
Les graines de véronique, d'euphorbe, de mercuriale annuelle et de nombreuses autres mauvaises herbes sont pourvues de substances huileuses. Les fourmis les recherchent et les traînent sur une certaine distance avant que l'huile ne soit libérée.

● *Les graines-missiles* : ces graines sont projetées

lorsqu'elles arrivent à maturité. C'est le cas des graines d'oxalis, de cardamine hérissée, de violette, d'herbe-aux-goutteux, et d'impatience. Elles ne vont pas très loin, mais elles ne sont tributaires ni du vent ni des animaux. Plus d'un acharné du désherbage dissémine des graines de cardamine en essayant d'arracher le pied-mère.

Balsamine de l'Himalaya

● *L'eau* : toutes les graines capables de flotter peuvent être disséminées par l'eau. Mais la palme revient à la cymbalaire. Cette mauvaise herbe pousse sur les murs et pointe ses fleurs vers le soleil. Arrivées à maturité, les inflorescences se tournent vers le mur et libèrent leurs graines lorsqu'il pleut, ce qui leur garantit un bon lit de semence humide entre les pierres.

Cymbalaire

Cycle d'une plante annuelle

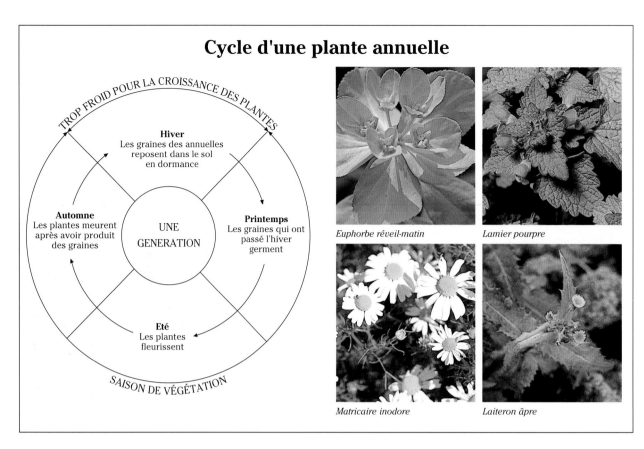

TROP FROID POUR LA CROISSANCE DES PLANTES

Hiver
Les graines des annuelles
reposent dans le sol
en dormance

Automne
Les plantes meurent
après avoir produit
des graines

UNE
GENERATION

Printemps
Les graines qui ont
passé l'hiver
germent

Eté
Les plantes
fleurissent

SAISON DE VÉGÉTATION

Euphorbe réveil-matin

Lamier pourpre

Matricaire inodore

Laiteron âpre

Cycle d'une plante annuelle à générations multiples

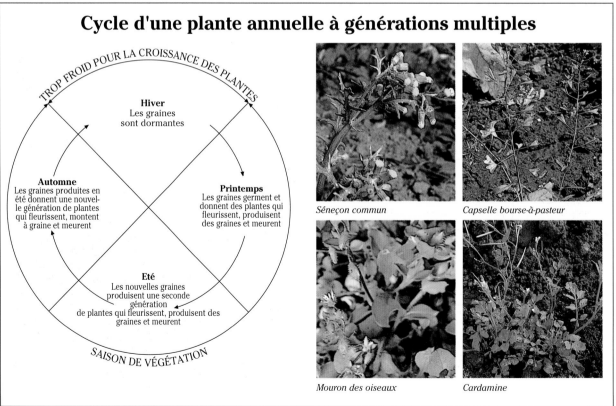

TROP FROID POUR LA CROISSANCE DES PLANTES

Hiver
Les graines
sont dormantes

Automne
Les graines produites en
été donnent une nouvel-
le génération de plantes
qui fleurissent, montent
à graine et meurent

Printemps
Les graines germent et
donnent des plantes qui
fleurissent, produisent
des graines et meurent

Eté
Les nouvelles graines
produisent une seconde
génération
de plantes qui fleurissent, produisent des
graines et meurent

SAISON DE VÉGÉTATION

Séneçon commun

Capselle bourse-à-pasteur

Mouron des oiseaux

Cardamine

Cycle d'une plante bisannuelle

Premier hiver
Les graines restent dormantes dans le sol (ou dans le paquet)

1ère saison de végétation
Les graines se développent et donnent des plantes qui produisent un organe de réserve (racine, bulbe...) ; les feuilles meurent

Seconde saison de végétation
Les feuilles et les fleurs se développent à partir de l'organe de réserve ; les fleurs donnent des graines et la plante meurt

Second hiver
L'organe de réserve reste dormant

Cirse lancéolé

Séneçon jacobée

Ronce

Bardane

Cycle d'une plante vivace

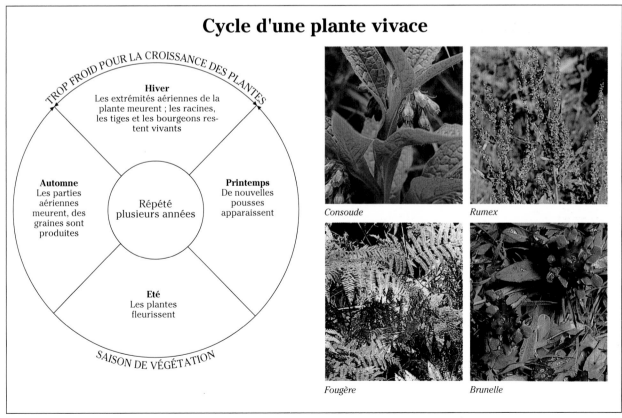

TROP FROID POUR LA CROISSANCE DES PLANTES

Hiver
Les extrémités aériennes de la plante meurent ; les racines, les tiges et les bourgeons restent vivants

Automne
Les parties aériennes meurent, des graines sont produites

Répété plusieurs années

Printemps
De nouvelles pousses apparaissent

Eté
Les plantes fleurissent

SAISON DE VÉGÉTATION

Consoude

Rumex

Fougère

Brunelle

Graines en attente

Les graines ne germent pas toutes en même temps, et on en trouve toujours dans le sol une grande réserve, une véritable "banque de semences" à l'état de dormance. Les graines de renouée des oiseaux peuvent rester dormantes jusqu'à 60 ans, celles du coquelicot plus de 100 ans. Certaines entrent en dormance lorsqu'il fait trop chaud, par exemple celles du mouron des oiseaux, ou lorsqu'elles sont à une profondeur excessive. D'autres renferment des substances chimiques qui doivent être "lessivées" pour que la germination se produise, ou bien sont pourvues d'un tégument dur épais qui exige beaucoup de temps pour se ramollir. De nombreuses graines de mauvaises herbes ont besoin de lumière pour germer et reprennent vie lorsqu'elles sont amenées à la surface. Elles peuvent même détecter différentes longueurs d'onde, et ne germeront pas sous l'effet de la lumière qui filtre à travers une végétation trop dense.

Certaines graines comme celles des plantes de prairies annuelles peuvent germer à n'importe quel moment de l'année ; d'autres, par exemple la bourse-à-pasteur, germent en automne et hivernent sous forme de rosettes, tandis que d'autres encore comme la petite ciguë attendent le printemps.

Semences

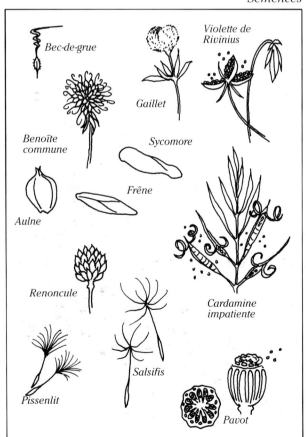

Bec-de-grue

Violette de Rivinius

Gaillet

Benoîte commune

Sycomore

Frêne

Aulne

Renoncule

Cardamine impatiente

Pissenlit

Salsifis

Pavot

La multiplication végétative

Bien que beaucoup d'entre elles produisent des semences, les plantes vivaces se propagent principalement par voie végétative. La reproduction par graines garantit leur survie à long terme si les conditions changent, mais leur multiplication immédiate est assurée de manière végétative.

Tandis qu'elle se développe, la nouvelle plante continue à recevoir de la nourriture de la plante-mère, à laquelle elle demeure reliée. Les mauvaises herbes se multiplient végétativement par des tiges rampantes - les stolons - par des tiges souterraines - les rhizomes - ou encore par des racines se développant à l'horizontale.

Les marcottes

Ce sont de longues tiges qui courent sur le sol ou qui y retombent. Les marcottes de la ronce développent leurs racines alors que leurs tiges se courbent vers le sol, avant même de l'avoir touché. C'est un mode de multiplication extrêmement efficace et rapide. En Nouvelle-Zélande, on dit qu'il n'y a que deux pieds de ronce : un dans l'île septentrionale et l'autre dans l'île méridionale !

Les rhizomes

Ces tiges souterraines sont présentes sur de nombreuses mauvaises herbes et nous ne les connaissons que trop. Citons, parmi les plantes à rhizomes, le chiendent, l'ortie, l'herbe-aux-goutteux, le tussilage, le liseron des haies, la prêle et le polygonum (*Reynoutria japonica*). Les rhizomes se développent en général près de la surface, et portent sur toute leur longueur des bourgeons dormants. Si l'extrémité du rhizome est coupée, les bourgeons se réveillent instantanément et donnent de nouvelles pousses.

Les racines

Certaines plantes, comme le cirse des champs (voir photo page 13) et le laiteron vivace, produisent des racines horizontales qui se comportent comme des rhizomes. Elles peuvent produire de nouveaux bourgeons en n'importe quel point de leur trajet et donner ainsi naissance à de nouvelles plantes (voir la racine pivotante du pissenlit page 10). Le liseron des champs peut s'étendre sur 25 m2 en une saison.

Rhizome

Les stolons

Ce sont des tiges rampantes qui partent d'un bourgeon et courent sur le sol. De petites plantes apparaissent à chaque noeud ; elles envoient rapidement des racines dans le sol pour s'y établir. Ainsi, la renoncule rampante peu s'étendre sur 3 m2 et la brunelle sur 10 m2 en une saison !

La brunelle peut produire jusqu'à 15 stolons par plante, chacun d'eux pouvant donner naissance à 20 petites plantes. Pour couronner le tout, cette espèce produit également des graines, dans les sites ensoleillés. Certaines plantes annuelles, comme le mouron des oiseaux, la renouée des oiseaux, ou la véronique de Perse sont également rampantes tout en produisant des fleurs, et donc des graines, sur toute leur longueur.

Chiendent

Stolons de renoncule rampante

Marcottes de ronce

Régénération

La plupart des mauvaises herbes vivaces sont bien décidées à rester en place, et peuvent se régénérer à partir de petits morceaux de racines ou de rhizomes. Le bêchage peut ainsi fractionner les tiges et les racines et produire toute une nouvelle population de mauvaises herbes. Même certaines annuelles, comme la renouée des oiseaux, sont capables de se régénérer si on les coupe.

Racines pivotantes
Les plantes pourvues d'une racine pivotante, comme le rumex et le pissenlit, ne se reproduisent pas par voie végétative, mais se régénèrent rapidement lorsqu'on les coupe. De plus, ces deux espèces produisent beaucoup de graines qui contribuent à leur dissémination. La racine pivotante est un atout supplémentaire. Elle aide la plante à survivre dans des conditions défavorables car elle contient des réserves de nourriture, et elle va chercher l'eau dans le sol à une grande profondeur.

Rosette de pissenlit

Quelques autres techniques de survie
De nombreuses mauvaises herbes survivent à des conditions climatiques défavorables, au piétinement ou aux tentatives faites pour les manger. Eventuellement, elles changent de forme pour s'adapter à leur environnement.

Les graines des plantes annuelles sont souvent extrêmement résistantes. Celles du séneçon et du mouron des oiseaux supportent des températures de -9°C pendant de longues périodes. La véronique et l'ortie continuent à pousser en hiver et parviennent même à fleurir si ce dernier est doux. Les plantes à enracinement profond, telles que le rumex et le pissenlit, résistent à la sécheresse et demeurent bien vertes alors que les feuilles de graminées commencent à friser et les légumes à dépérir. Le plantain, le pissenlit ou la pâquerette poussent réellement mieux si on leur marche dessus.

Les mauvaises herbes sont indésirables dans les pelouses. Elles restent à une hauteur inférieure à celle de la lame de la tondeuse, ce qui les met hors de toute atteinte. Elles produisent des rosettes de feuilles qui se développent près de la surface et étouffent les graminées. Si l'on ne tond pas la pelouse, le plantain et le pissenlit changent alors de forme et se développent rapidement en hauteur pour bénéficier de la lumière. Le gaillet et le liseron s'accrochent où ils peuvent pour parvenir à la position la plus favorable. Non contentes d'être agressives, de nombreuses espèces se défendent avec acharnement à grand renfort de piquants, de dards et d'épines. D'autres comme la ciguë, le séneçon jacobée, la jusquiame et la belladone sont vénéneuses.

Racines pivotantes de pissenlit

Les principales espèces

Le moment est venu de vous pencher sur quelques-unes des mauvaises herbes de votre jardin. En dépit de leur ténacité, elles n'ont pas que du mauvais en elles. Nous les avons classées en grandes (plus de 60 cm), moyennes (30 à 60 cm), petites (10 à 30 cm) et basses (moins de 10 cm). Cette indication n'est qu'approximative, de nombreux facteurs tels que les conditions climatiques, le sol et la lumière, agissant sur la croissance des plantes.

Plantes vivaces

Achillea millefolium
Achillée millefeuille
Mauvaise herbe commune des pelouses, de la même famille que la pâquerette. Feuilles très découpées, fleurs blanches ou rose pâle, en groupes de capitules s'épanouissant de juin à novembre. Multiplication par graines et par tiges rampantes, dont l'allongement annuel varie entre 7 et 20 cm. Selon la légende, Achille se serait servi de cette plante pour guérir les blessures causées par les armes. Utilisée pour soigner les plaies, les hémorroïdes, les règles douloureuses. Activateur de compost. Servait de désinfectant en brasserie. Contient un alcaloïde qui colorerait le beurre lorsque cette plante est consommée en grandes quantités par les vaches.

Achillée millefeuille

Herbe-aux-goutteux

Aegopodium podagraria
Herbe-aux-goutteux
Une calamité dans bien des jardins. Ombellifère donnant des fleurs blanches en juillet-août. Plante vigoureuse, pouvant s'étendre de 1 m en une seule année par ses rhizomes. Se multiplie également par graines, qui sont projetées dans toutes les directions lorsqu'on touche les inflorescences mûres.

Introduite au moyen-âge depuis les pays méditerranéens, elle était cultivée dans les jardins des monastères pour soigner la goutte, maladie dont souffraient les évêques bons vivants. Dédiée à Saint-Gérard, patron des goutteux ! C'est un légume agréable, rappelant l'épinard lorsqu'il est cuit au beurre. Vertus sédatives et diurétiques.

11

Bardane

Feuilles en forme de cuillère. Le capitule est composé de nombreuses fleurs jaunes ; floraison de mai à octobre. Des pousses, prenant naissance à l'insertion des feuilles, donnent naissance aux rosettes dont celles du pourtour sont pourvues d'une ligule blanche. Les fourmis contribuent à disséminer les graines. L'eau de pâquerette était utilisée par les gitans pour guérir les boutons rouges sur la peau. C'est également un remède contre les varices, les plaies ulcéreuses et divers petits maux. On prépare un vin à partir des fleurs.

Pâquerette

Arctium spp.
Bardanes
Poussent dans tous les sols, sur les décharges et autour des maisons abandonnées.

Arctium lappa
Grande bardane
Grande plante, aux feuilles obtuses. Ses fruits munis de crochets s'accrochent aux poils et aux vêtements ce qui permet la dissémination de l'espèce. Ses tiges peuvent, après épluchage, être cuites à l'eau et servies avec du beurre. Une lotion préparée à partir des racines avait la réputation de faire repousser les cheveux. La grande bardane est riche en minéraux et en vitamines et était utilisée pour purifier le sang et comme diurétique. Sert de nourriture aux chenilles.

Arctium minus
Petite bardane
Plante de taille moyenne à grande, duveteuse, bisannuelle, à feuilles en forme de coeur. Fleurs pourpres en forme d'oeuf qui éclosent de juillet à septembre.

Bellis perennis
Pâquerette
Mauvaise herbe des pelouses qui peut également proliférer dans les terres cultivées, notamment si les tontes de gazon sont utilisées comme mulch.

Calystegia sepium
Grande vrillée, liseron des haies
Plante grimpante aux feuilles en forme de coeur et aux grandes fleurs blanches, épanouies de juin à septembre. Etouffe les autres plantes en grimpant sur elles. Se multiplie par ses racines profondes qui donnent naissance à de nouvelles plantes lorsqu'elles sont brisées. Cette espèce affectionne les sols humides, les haies et les arbustes. Sa sève est toxique. (Voir *Convolvulus arvensis* page 14.)

Chelidonium majus
Grande chélidoine
Appartient à la même famille que le coquelicot. Originaire du sud de l'Europe et d'Asie. Tiges glabres, ramifiées, qui donnent un jus toxique, de couleur orange, lorsqu'on les brise. Feuilles lobées vert glauque. Fleurs jaunes, par groupes de 3 à 8, présentes depuis avril, avec l'arrivée des hirondelles, jusqu'en octobre, lorsqu'elles repartent.
Cultivée au moyen-âge pour ses propriétés médicinales (contre les verrues, les maladies des yeux et la jaunisse). A ne pas essayer, sauf pour les verrues, car on a découvert que la sève contient des alcaloïdes toxiques.

Circaea lutetiana
Circée de Paris
Plante de la famille des fuchsias dont il est difficile de se débarrasser une fois qu'elle s'est installée. Feuilles simples et opposées. Fleurs blanches portées par une longue hampe qui s'allonge avant que les fleurs ne tombent.

Les fruits sont hérissés de crochets qui s'accrochent aisément aux jardiniers et aux animaux, ce qui leur assure une large dissémination.

Cette plante produit également des pousses souterraines qui jaillissent du sol tout autour de la plante-mère lorsqu'elle meurt.

Circée de Paris

Cirsium arvense
Cirse des champs, chardon
Cette mauvaise herbe réapparaît dès que vous avez tourné le dos pour peu que vous en ayez laissé un seul petit pied. Ses feuilles sont pourvues de piquants. Ses fleurs lilas sont présentes de juin à septembre ; attire les abeilles et les papillons.

Les graines sont transportées par le vent sur de grandes distances. Le cirse des champs possède également une racine pivotante de 2,5 à 3 cm de diamètre, qui émet des ramifications, chacune d'elles donnant naissance à une nouvelle plante. Cela permet aux cirses de s'étendre jusqu'à une distance de 12 mètres en une seule année ! Même brisés, les fragments de racines arrivent à produire de nouvelles plantes.

Sonchus arvensis
Laiteron des champs
Plante à racines rampantes et à tige dressée. Feuilles munies de piquants. Capitules jaune d'or. Fleurit de juillet à octobre.

Cirsium vulgare
Cirse lancéolé
Il se distingue du cirse des champs par la présence d'une rosette et par ses capitules souvent solitaires. Bisannuel, il se multiplie par graines. Certaines espèces de coléoptères mangent ces dernières ; il faut donc les encourager et non pas les considérer comme des ennemis.

Laiteron

Cirse lancéolé

Convolvulus arvensis
Liseron des champs
Plante rampante et grimpante, aux fleurs plus petites que celles du liseron des haies. Les fleurs, blanches ou roses et légèrement parfumées, s'épanouissent de juin à septembre. Elles se referment la nuit et avant la pluie. Le liseron des champs rampe sur le sol, et même dans le sol à l'aide de racines qui ressemblent à un amas de spaghetti et qui descendent à plus d'un mètre de profondeur. Il est difficile de s'en débarrasser, chaque fragment de racine donnant naissance à une nouvelle plante. Le liseron indique un sol profond et fertile. Il attire les abeilles.

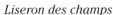

Liseron des champs

Cardère

Dipsacus fullonum
Cardère
Les feuilles forment une rosette et la tige est hérissée d'aiguillons. Elles flétrissent avant la floraison en juillet et août. Les magnifiques inflorescences de fleurs pourpres attirent les abeilles puis, lorsque les graines sont mûres, les chardonnerets. Après la floraison, les tiges et les inflorescences demeurent ; elles étaient jadis utilisées pour carder la laine.

Agropyrum repens
Chiendent
Mauvaise herbe des jardins très tenace. Forme des touffes ou de larges taches d'un vert terne. Produit des épis de fleurs vertes, puis des graines.
Le chiendent est très envahissant et s'étend rapidement par ses rhizomes. Ces derniers sont pourvus d'une extrémité dure, couleur ivoire, capable de traverser des plantes, par exemple des pommes de terre. Chaque petit morceau de rhizome peut rapidement donner une nouvelle plante. Pourtant, le chiendent a son utilité. Les chats et les chiens le mangent volontiers lorsqu'ils ne se sentent pas bien. Des extraits de rhizomes ont été utilisés pour soigner les rhumatismes, la goutte, les cystites et les calculs rénaux ; ils sont connus pour leurs propriétés diurétiques et dépuratives. En Italie et en France, on vendait jadis les rhizomes sur les marchés. L'herboriste Culpepper disait : "Même si tel n'est pas l'avis des jardiniers, pour un médecin deux mille mètres carrés de chiendent valent plus qu'un hectare de carottes".

14

Epilobium spicatum
Epilobe en épi
Elle forme de grands ronds, souvent en des endroits laissés nus par le feu, ou encore dans les jardins humides. Plante de grande taille, aux feuilles alternes et aux fleurs rose vif formant une hampe. Se multiplie par des rhizomes et des graines dispersées par le vent. Une seule plante peut produire jusqu'à 100 000 graines, transportées par des parachutes faits de longs fils soyeux.

Epilobe en épi

Epilobe hérissé

Epilobium hirsutum
Epilobe hérissé
Grande plante velue, aux fleurs roses disposées en grappes au sommet de la tige.

Epilobium montanum
Epilobe des montagnes
Plus petit que l'épilobe en épi, avec des tiges dressées et des fleurs rose pâle.

Equisetum spp.
Prêle
Une mauvaise herbe gênante des jardins humides. Plante non ramifiée, ne fleurissant pas, avec des rhizomes cassants qui assurent sa propagation.
Ils sont pourvus de tubercules noirs qui se détachent facilement et donnent naissance à de nouvelles plantes.
La prêle se reproduit également par des spores émises au printemps par des organes fructifères. Ces spores donnent naissance à une génération sexuée de courte durée, dont l'existence explique que la prêle doive pousser dans un sol humide. Ces toutes petites plantes, semblables à des mousses, produisent des gamètes mâles qui doivent se déplacer dans l'eau jusqu'aux éléments femelles pour les féconder. La forme de la plante que nous connaissons se développe alors et le cycle continue.
Bien que difficile à éradiquer, la prêle est dotée de certaines vertus. Elle était utilisée comme antiseptique, pour arrêter les saignements, pour soigner les troubles nerveux et aussi pour... récurer les casseroles. La décoction de prêle en pulvérisation sert à combattre les maladies cryptogamiques des plantes.

Prêle

Spiraea ulmaria
Reine-des-prés
Aime les endroits humides. Grande plante glabre avec des feuilles composées et des grappes de fleurs crème délicates et parfumées. Contient, comme le saule, de la salicine, qui fit d'elle, jadis, un remède contre les maux de tête.

Reine-des-prés

Glechoma hederacea
Lierre terrestre
Plante basse, rampante, produisant de mars à juin, à la base des feuilles, des fleurs violettes. S'étend rapidement par ses stolons, et recouvre le sol d'un tapis.

Lierre terrestre

Hedera helix
Lierre grimpant
Plante vivace à feuilles persistantes, formant un tapis sur le sol ou grimpant grâce à ses crampons. Feuilles vert brillant, petites fleurs vertes et jaunes présentes de septembre à novembre. Le lierre peut dégrader les bâtiments sur lesquels il grimpe, ou encore étouffer légumes et fleurs lorsqu'il pousse à l'horizontale.
Certaines variétés cultivées, telles que 'Gold Heart', décorent magnifiquement les jardins, recouvrent les murs d'un écran de verdure, grimpent le long des poteaux ; elles supportent bien l'ombre. Il faut en contrôler le développement
Le lierre est toxique pour l'homme, mais il produit un nectar précieux pour les insectes en automne. De nombreux papillons et abeilles viennent lui donner vie. Il fournit aussi abri et nourriture à certains oiseaux.

Lierre grimpant

Heracleum sphondylium
Berce spondyle
Grande plante bisannuelle ou vivace pouvant atteindre 3 mètres de hauteur.
Feuilles composées, ombelles de fleurs blanches d'avril à novembre.
Les jeunes pousses peuvent être cuites et mangées comme des asperges.
Faites attention à une espèce voisine, la berce du Caucase (*Heracleum mantegazzianum*), qui peut atteindre 3 mètres de hauteur et provoque des cloques sur la peau, lorsqu'on la touche.

Berce

Hypochaeris radicata
Porcelle enracinée
Mauvaise herbe commune des pelouses. Plante vivace de taille moyenne, aux feuilles rugueuses et velues, ressemblant à celles du pissenlit.
Fleurs isolées rappelant celles du pissenlit et s'épanouissant de juin à septembre, portées parfois par des pédoncules ramifiés.
La porcelle se confond facilement avec les liondents et les lampsanes (voir pages 18 et 30).
La photo ci-dessous représente le liondent d'automne (*Leontodon autumnalis*), qui ressemble beaucoup à la porcelle.

Liondent d'automne

Lamium album
Ortie blanche, lamier blanc
Mauvaise herbe très répandue. Elle ressemble à l'ortie, mais s'en distingue par sa tige de section carrée et ses fleurs blanches, présentes depuis le début du printemps jusqu'à la fin de l'automne.
Se propage par stolons et par des graines disséminées par les fourmis. Bonne source de nectar pour les abeilles.
Les feuilles peuvent se manger comme celles de l'épinard ; elles servent également à préparer une bière ainsi qu'une infusion efficace contre les refroidissements.

Linaria vulgaris
Linaire vulgaire
Plante glabre, petite à moyenne, munie de feuilles pointues et de fleurs jaunes en gueule-de-loup, épanouies de juin à octobre.
Tolère un sol caillouteux et fournit du nectar aux insectes munis d'une langue assez longue pour atteindre l'intérieur de la fleur.

Linaire vulgaire

Lotus corniculatus
Lotier corniculé
Plante vivace se développant au ras du sol ; feuilles munies de cinq folioles. Fleurs jaune orangé, de mai à septembre, en grappes au sommet des tiges. Fixe l'azote et peut se développer dans des sols pauvres en cet élément.

Lotier corniculé

Malva sylvestris
Mauve sylvestre
Fleur spontanée des jardins.
Les feuilles, riches en vitamines A, B1,B2 et C, se mangent en salade. On en fait aussi des cataplasmes contre les maux de dents.

Ononis repens
Ononis rampant, bugrane, arrête-boeuf
Plante de taille moyenne à port semi-érigé, feuilles à trois lobes et tige velue. Fleurs jaunes rappelant celles du pois, s'épanouissant de juin à septembre. Pousse sur les sols secs. Le nom d'arrête-boeuf vient de l'époque où on travaillait la terre avec des boeufs et où ces derniers devaient s'arrêter pour que l'on démêle les racines enchevêtrées de cette plante.

Anchusa sempervirens (Pentaglottis sempervirens)
Buglosse toujours verte
Plante cultivée à l'origine, venue du sud-ouest du Portugal et d'Espagne.
Même famille que la bourrache. Vivace de taille moyenne, velue ; fleurs d'un bleu vif avec un oeil blanc, s'épanouissant d'avril à juillet.
Plante pourvue d'une racine pivotante cassante qui se régénère lorsqu'on la brise.
La tige peut, elle aussi, si elle est brisée, émettre de nouvelles tiges qui porteront des fleurs. Ouest de la France.

Buglosse toujours verte

Epervière piloselle

Pilosella officinarum (Hieracium pilosella)
Epervière piloselle
Mauvaise herbe commune des pelouses, réellement gênante lorsqu'elle est établie.
Plante basse et rampante, couverte de fins poils blancs. Fleurs ressemblant à celles du pissenlit, présentes de mai à octobre.
Commune dans les sols légers et secs. Passe l'hiver sous forme de rosette de petites feuilles poilues. Emet des stolons au printemps depuis la base de la plante, chacun d'entre eux se terminant par une nouvelle rosette. Ces dernières forment un tapis et finissent par éliminer les graminées. Colonise également de nouveaux sites par ses graines.

Parmi les plantes ayant des comportements analogues et pouvant être trouvées dans les jardins, on citera :
Crepis biennis - Crépide bisannuelle
Crepis capillaris - Crépide verdâtre
Hieracium umbellatum - Epervière en ombelle
Hypochaeris radicata - Porcelle enracinée
Leontodon hispidus - Liondent hérissé
Leontodon taraxacoides - Liondent taraxacoïdes
Picris echioides - Helminthie fausse-vipérine
Picris hieracioides - Picris fausse-épervière

Pour les identifier, consultez une bonne flore. Bonne chance !

Plantago major
Grand plantain

Mauvaise herbe des pelouses et des chemins qui prospère lorsqu'elle est piétinée. Les feuilles, pourvues de nervures côtelées, sont disposées en rosette à la base de la plante. Petites fleurs présentes de juin à octobre et portées par des tiges dépourvues de feuilles. Les graines deviennent collantes une fois mouillées, et sont disséminées par les oiseaux granivores.

Une seule plante produit jusqu'à 15 000 graines qui peuvent rester dormantes pendant 40 ans. Le plantain se cuit et se mange comme l'épinard. C'est également une plante médicinale renommée : on applique son jus frais sur les piqûres et les morsures.

Grand plantain

Polygonum japonais

au début du XIXe siècle. Une revue anglaise de la fin du siècle dernier décrivait le polygonum comme "une plante d'un grand mérite... incontestablement une des plus belles plantes herbacées cultivées"'. De nos jours, c'est une des mauvaises herbes les plus gênantes, et les plus difficiles à éliminer. En Grande-Bretagne, il est interdit de la multiplier et de l'introduire dans les jardins. Elle se propage par des rhizomes, parfois si gros qu'il faut une scie pour les couper.

Potentilla anserina
Potentille ansérine

Feuilles finement dentelées, argentées sur leur face inférieure ; fleurs jaunes de mai à août. Se propage à la surface du sol par des stolons. On utilisait jadis l'infusion de potentille contre les coups de soleil, et pour soigner les angines et les hémorroïdes.

Potentille ansérine

Polygonum cuspidatum (Reynoutria japonica)
Polygonum japonais

Grande plante à croissance rapide. Feuilles triangulaires et nombreuses tiges ramifiées produisant des petites fleurs blanches d'août à octobre. Cette mauvaise herbe envahissante a été introduite en Europe

Potentilla reptans
Potentille rampante
Mauvaise herbe rampante, fréquente dans les sols alcalins. Fleurs jaunes portées par des tiges pouvant atteindre 1 mètre.

La plante s'enracine à la jonction des feuilles, composées chacune de 5 folioles. Chaque plante a une racine pivotante de 30 cm de longueur, et comporte jusqu'à 15 stolons.

Chacun d'entre eux peut atteindre 1 mètre de longueur et être pourvu de 20 noeuds. Ainsi, un seul pied est capable de coloniser 10 m2 en une saison !

Potentille rampante

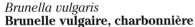

Brunella vulgaris
Brunelle vulgaire, charbonnière
Mauvaise herbe des pelouses particulièrement abondante en terrain plutôt acide ou neutre ; elle reste au ras du sol et échappe ainsi à la tondeuse.

La tige est ramifiée et demeure basse, les feuilles forment un tapis vert foncé ; les fleurs, qui s'épanouissent de juin à novembre, forment des inflorescences violettes. La brunelle se propage rapidement par ses tiges rampantes qui s'enracinent aux noeuds, et également par graines.

Brunelle

C'est une plante médicinale, avec laquelle on soignait de nombreux maux, notamment les angines et les blessures. Saint-Gérard disait de la brunelle et du bugle qu"il n'y a pas dans le monde deux meilleures plantes contre les blessures".

Pteris aquilina
Fougère aigle
Une des plantes les plus répandues sur la planète. Elle est agressive, toxique et cancérogène. Ses frondes peuvent atteindre 1 m 80, tandis que ses tiges souterraines descendent jusqu'à 45 cm de profondeur. Elles portent des frondes dormantes qui s'éveillent aussitôt que la plante est coupée. Ces rhizomes s'étendent d'un mètre ou davantage par an.

Fougère aigle

Tout comme la prêle, la fougère a deux générations, l'une d'elle étant sexuée et produisant une petite plante frêle. Les spores des fougères sont cancérogènes et il ne faut pas couper la plante lorsque les spores sont libérées. Les fougères sont également toxiques pour les animaux, qui les mangent rarement, sauf en cas de sécheresse ou de disette. Cependant, les fougères donnent un excellent compost, parfaitement sain, et fournissent un bon mulch. Il vaut mieux, pour cela, les couper jeunes (en mai) alors que leur teneur en potassium est élevée.

Ranunculus bulbosus
Renoncule bulbeuse
Plante basse, pourvue d'une tige renflée à la base. Fleurs jaunes, de mars à juin. Ne produit pas de stolons, mais se reproduit par graines et par éclats de tige. Vénéneuse lorsqu'elle est verte, elle cesse de l'être une fois sèche, sous forme de foin. Fraîche, elle provoque des inflammations de la peau et des boursouflures. Les mendiants l'utilisaient jadis pour provoquer sur eux des cloques et susciter ainsi la pitié. On en frottait également les mamelles des vaches le premier mai pour augmenter la production de lait.

Ranunculus ficaria (Ficaria ranunculoides)
Ficaire, fausse-renoncule
Mauvaise herbe des endroits ombragés. Feuilles charnues, en forme de coeur ; présence de petits bulbes à la base des pétioles. Fleurs épanouies de mars à mai ; elles s'ouvrent le matin vers 9 heures

Ficaire

et se referment le soir vers 17 heures, ainsi qu'avant une pluie. Reproduction par graines et par les petits bulbes. Remède populaire contre les hémorroïdes, dont elle évoque l'aspect.

Renoncule rampante

Ranunculus repens
Renoncule rampante
Plante des sols humides. Rampante, elle est pourvue de racines blanches charnues et de stolons. Fleurs jaunes de mai à septembre. La production de graines est faible, mais la plante se propage rapidement par ses stolons. Une seule plante peut ainsi coloniser 3,5m2 en une année.
(Voir également la photo page 9.)

Rubus fruticosus
Ronce
Arbuste grimpant dont il existe plus de 2 000 sous-espèces et variétés, certaines d'entre elles étant vendues comme plantes cultivées.
Tiges ligneuses bisannuelles et fleurs blanches ou roses de mai à septembre, qui donnent un des fruits sauvages les plus savoureux. Se propage en émettant des racines à l'extrémité des tiges, et par ses graines, disséminées par les oiseaux et autres animaux.
Si on en garde le contrôle, la présence de la ronce est précieuse au jardin. Hormis les confitures, les tartes et le vin de mûres, c'est une bénédiction pour la faune sauvage ; elle attire des papillons (notamment le paon de nuit) les guêpes, les mouches, les

Rumex oseille

Si les parties souterraines sont coupées, chaque morceau est en mesure de donner naissance à une nouvelle plante.

Cependant, les racines de patience travaillent comme autant de sous-soleuses et ramènent à la surface des éléments nutritifs lessivés par les pluies.

En compostant les feuilles, ces éléments sont restitués au sol. Le rumex a des vertus purgatives et astringentes et soulage la brûlure des piqûres d'orties, ainsi que d'autres inflammations.

Rumex à feuilles obtuses

Rumex acetosa
Rumex oseille

Plante vivace de taille variable, au goût acide, aux feuilles en forme de flèche ; produit de mai à août une inflorescence lache.

L'oseille a des tiges souterraines épaisses qui s'étendent et d'où partent des groupes de pousses verticales. Se multiplie également par graines.

Rumex acetosella
Rumex petite-oseille, oseille de brebis

En sol léger, plutôt acide. De plus petite taille que la précédente, avec des feuilles étroites en forme de flèche. Fleurit à la même époque que *Rumex acetosa*.

Rumex crispus
Rumex crépu, parelle

Grande plante vivace ; feuilles aux bords ondulés, plus étroites que celles de la patience. Fleurit de juin à octobre.

Rumex obtusifolius
Rumex à feuilles obtuses, patience sauvage

Grande plante vivace aux feuilles oblongues en forme de lance. Fleurit de juin à octobre. Indique un sol plutôt frais et riche en nitrates.

Douée d'une grande aptitude à survivre. Une plante produit jusqu'à 60 000 graines par an, qui sont transportées au loin par le vent, l'eau et les animaux. Elles peuvent demeurer dormantes pendant 50 ans. Beaucoup de graines germent lorsque la terre est travaillée, généralement en mars-avril ou en septembre-octobre.

Elles sont capables de fleurir dans les 9 semaines qui suivent l'apparition de la plantule ! Elles développent rapidement une tige souterraine verticale et une racine pivotante qui peuvent s'enfoncer jusqu'à un mètre de profondeur et être alors très difficiles à éliminer.

Sagina procumbens
Sagine couchée

Mauvaise herbe des sols légers et secs. Fréquente dans les pelouses dégradées et dans les chemins. Plante basse, pourvue de petites pousses latérales basses, partant d'une rosette centrale. Parfois confondue avec les mousses. Très petites fleurs, souvent dépourvues de pétales, de mai à septembre. La plante se propage par ses pousses rampantes, qui s'enracinent, et par ses graines qui sont transportées par le vent sur de grandes distances.

Sagina apelata, la sagine annuelle, est une plante très voisine, commune dans les mêmes sols.

Sagine couchée

Senecio jacobea
Séneçon jacobée, fleur de St-Jacques
Caractéristique des sols légers et pauvres. Plante moyenne à grande, bisannuelle ou vivace à durée de vie limitée. Feuilles divisées et capitules de fleurs jaunes en groupes denses, de juillet à septembre. Se multiplie principalement par graines et peut produire de 50 à 60 000 semences qui sont transportées en d'autres lieux par le vent. Le séneçon se multiplie également par des bourgeons présents sur les racines.
Il est toxique pour les animaux et peut provoquer une cirrhose ou une jaunisse mortelle. Les chevaux et les vaches l'évitent, mais les moutons courent davantage de risques. Cette plante est la nourriture favorite de la chenille de *Callimorpha jacobea* aux anneaux noirs et jaune orangé . La mouche des graines de séneçon jacobée contribue au contrôle de cette plante : elle pond dans les capitules, et la larve mange les fruits en cours de développement. Toutefois, les fleurs qui s'épanouissent tard dans la saison échappent à ce ravageur.

Séneçon jacobée

Consoude

Symphytum spp.
Consoudes
De nombreuses espèces de consoude poussent en Europe. L'espèce indigène est la grande consoude (*Symphytum officinale*). C'est une plante vigoureuse, aux grandes feuilles velues. Les fleurs, blanches violettes ou pourpres, sont en forme de clochettes et s'épanouissent de mai à novembre. La grande consoude est pourvue d'une racine pivotante profonde, dont chaque fragment peut donner naissance à une nouvelle plante.

La consoude de Russie (*Symphytum x uplandicum*) est un hybride naturel entre la grande consoude (*S. officinale*) et *S. asperum*. Ses fleurs sont violettes et elles ressemblent à celles de la consoude indigène.
Il existe maintenant une grande variété de types de consoude, issue de croisements entre les deux parents. L'un d'eux, le "Bocking 14", est vendu aux jardiniers, qui l'utilisent comme plante-engrais. On trouve également des consoudes ornementales, moins vigoureuses - *Symphytum grandiflorum* et *Symphytum caucasicum*. On les intègre aux plates-bandes de vivaces.
La consoude - et en particulier "Bocking 14" - est un précieux ami du jardinier :

● Sa racine pivotante peut descendre jusqu'à trois mètres et ramener des éléments nutritifs du sous-sol.
● C'est une excellente source de potassium (elle en contient deux à trois fois plus que le fumier de ferme).
● On l'utilise en purin, en activateur de compost, en mulch à décomposition rapide ou encore pour augmenter la fertilité des terreaux de rempotage.

23

● Sa croissance est rapide. On peut en faire quatre à cinq coupes (donnant chacune 1,8 à 2,2 kg) par saison.

● Elle peut rester en place jusqu'à 20 ans. La consoude a été largement utilisée comme plante médicinale. Son mucilage soignait les maux d'intestin. On utilise des onguents à base de consoude pour soigner les blessures.

Chrysanthemum parthenium
Grande camomille
Plante vivace aromatique, petite à moyenne. C'est une ancienne plante de jardin qui peut se propager rapidement. Les feuilles sont divisées et jaunâtres. Elle produit de juin à septembre des groupes de fleurs qui ressemblent à celles de la pâquerette. Elle se multiplie par graines. Une mauvaise herbe utile, utilisée en médecine populaire comme analgésique et anti-inflammatoire.

Grande camomille

Taraxacum spp.
Pissenlit
Comprend de nombreuses sous-espèces. Feuilles plus ou moins découpées formant une rosette. Inflorescences isolées, portées par des tiges creuses dépourvues de feuilles. Se propage rapidement et utilise le vent pour transporter ses graines munies d'un parachute. Le pissenlit est autogame.

La plante peut se régénérer à partir de morceaux de racines, même si elle est coupée à 15 cm sous la surface du sol. Le pissenlit peut être utile :
• Sa racine pivotante profonde remonte des éléments nutritifs du sous-sol et ses fleurs attirent les syrphes dont les larves mangent les pucerons.
• On peut transformer les racines en un succédané de café, les fleurs en un vin, et les feuilles en de délicieuses salades, riches en vitamines A et C.
• C'est une plante médicinale, diurétique et efficace contre les verrues.
• Le pissenlit dégage de l'éthylène, un gaz qui accélère le mûrissement des fruits, notamment des tomates. (Voir la photo de la page 5.)

Trifolium pratense
Trèfle des prés, trèfle violet
Indique un sol pauvre en azote. Plante de hauteur variable, dont les folioles peuvent être ornés d'un croissant blanc. Fleurs roses ou pourpres, de mai à octobre. Se multiplie par graines et est très largement cultivé.
Le trèfle attire les abeilles. Les fleurs peuvent être utilisées en salade ou en infusion.

Trèfle des prés

Trifolium repens
Trèfle blanc
Plante vivace rampante aux feuilles plus arrondies que celles du trèfle des prés. Fleurs blanches, de mai à octobre. Se multiplie par graines et végétativement.

Tussilago farfara
Tussilage, pas-d'âne
Mauvaise herbe indicatrice d'un sol lourd, souvent gorgé d'eau. Plante basse, rampante, couverte de duvet, aux grandes feuilles en forme de coeur. Fleurs jaunes rappelant celles des pâquerettes et s'épanouissant de février à avril, avant l'apparition des feuilles, sur des tiges garnies d'écailles rougeâtres. Se propage rapidement par ses tiges souterraines, qui se régénèrent à partir de fragments. Au printemps, on peut voir les graines, très nombreuses et munies d'un parachute, emportées par le vent. Les chardonnerets s'en servent pour tapisser leur nid. Plante médicinale importante, dont les feuilles ont longtemps servi, en infusion, à combattre la toux et les problèmes pulmonaires.

Tussilage

Ortie

Urtica dioica
Grande ortie, ortie dioïque
Mauvaise herbe commune et extrêmement utile, qui indique un sol fertile. Plante moyenne à grande, couverte de poils urticants. Donne de juin à septembre des fleurs vertes pollinisées par le vent. Se propage par ses racines traçantes jaunes et par ses graines. Ses utilisations au jardin sont nombreuses :

● Comme activateur du compost.
● Sous forme de purin, comme engrais et comme répulsif contre les insectes.
● Comme nourriture : le goût des feuilles rappelle celui de l'épinard ; on en fait également des infusions et de la bière.
● Comme plante médicinale : elle est diurétique et dépurative ; elle combat les pellicules et la chute des cheveux.
● Comme plante-hôte pour les chenilles de nombreux papillons (vulcain, paon-de-jour, etc.) et les premières générations de pucerons.

25

Plantes annuelles et bisannuelles

Aethusa cynapium
Petite ciguë, faux persil
Tient son second nom de sa ressemblance avec le persil, mais est toxique. Caractérisée par de longues bractées en forme de barbe, et une odeur âcre. Fleurit de juin à octobre. Chaque plante peut donner jusqu'à 6 000 semences. Les feuilles contiennent une substance vénéneuse analogue à celle que l'on trouve dans la grande ciguë. La plante séchée n'est pas considérée comme toxique.

Petite ciguë

Nielle des blés

Agrostemma githago
Nielle des blés
Mauvaise herbe des moissons devenue très rare. Ses graines sont très toxiques. Au XVIe siècle, on retrouvait parfois ses graines dans le seigle et le blé, et ceux qui mangeaient le pain ainsi contaminé étaient considérés comme prédisposés à la lèpre. Absente des jardins sauf si elle y est semée comme plante ornementale. Grande plante à port dressé, aux longues feuilles étroites et velues. Fleurs rose foncé de mai à août.
Chaque plante produit 20 à 40 graines qui mûrissent en même temps que le blé.

Anagalllis arvensis
Mouron rouge
Plante basse aux tiges à section carrée et aux feuilles opposées de forme ovale. Donne, de mai à octobre, des fleurs généralement rouge pâle, mais parfois roses, lilas ou bleues.

Mouron rouge

Elles s'épanouissent par beau temps et se ferment lorsque la pluie menace.

Bourrache

Borago officinalis
Bourrache officinale
Plante annuelle velue ; son jus a un goût qui rappelle celui du concombre. Fleurs bleu vif, de mai à septembre. Originaire du Bassin méditerranéen, cette plante, qui colonise les terrains bouleversés, est devenue une mauvaise herbe. Ses fleurs peuvent être utilisées pour préparer une boisson rafraîchissante, ou confites dans du sucre pour décorer la pâtisserie. La bourrache était parfois utilisée pour chasser la mélancolie.

Capsella bursa-pastoris
Capselle bourse-à-pasteur
Plante de la famille des crucifères. Taille petite ou moyenne. Les feuilles peuvent être ou non dentelées. Plusieurs générations annuelles.

On trouve ses fleurs blanches presque toute l'année, et elle donne des gousses en forme de coeur remplies de graines plates et jaunes, d'où son nom.

Hiverne souvent sous forme de rosette. Bien qu'elles soient visitées par les insectes, les fleurs s'auto-pollinisent avant d'éclore. La bourse-à-pasteur contient de la vitamine K et était utilisée pour arrêter les saignements, ainsi que comme diurétique. C'est un hôte de la rouille blanche des crucifères, qui attaque également les choux.

Capselle bourse-à-pasteur

Cardamine hirsuta
Cardamine hérissée
Mauvaises herbes à plusieurs générations annuelles communes. Plantes velues, petites à moyennes, avec une rosette de feuilles pennées ressemblant à des petites feuilles de cresson de fontaine. Toutes petites fleurs blanches, de février à novembre. Ces plantes donnent des graines lorsque le temps n'est pas trop froid. Les gousses sont "explosives" et projettent les graines à 80 cm de la plante dans toutes les directions, lorsqu'on les touche ou lorsqu'elles sont mûres. Humides, les graines deviennent collantes et s'accrochent aux bottes et aux outils, assurant ainsi la dissémination de l'espèce.

Cardamine

Cerastium glomeratum
Céraiste aggloméré

Petite plante annuelle, jaunâtre, munie de poils gluants. Fleurs petites s'auto-pollinisant et s'épanouissant rarement. Germe en général en automne et fleurit au printemps. Plus fréquente en sol léger et acide.

Céraiste aggloméré

Chenopodium album
Chénopode blanc

Plante moyenne à grande. Feuilles vert foncé couvertes d'un duvet farineux blanc. Fleurit de juin à octobre. Produit deux types de graines. Les unes, tendres, sont capables de germer immédiatement ; les autres, dures, peuvent rester dormantes dans le sol pendant 30 ans.

Plante indicatrice d'un sol fertile ; une coloration rouge peut indiquer une carence en phosphore. Jadis, le chénopode était mangé comme légume.

Il est plus riche en fer, en calcium, en protéines et en vitamine B que le chou. Il contient cependant, comme l'épinard, de l'acide oxalique qui se combine au fer et au calcium et les rend inassimilables.

Chénopode des murs

Euphorbia helioscopia
Euphorbe réveil-matin

Mauvaise herbe commune, dans tous les sols. Petite plante glabre aux feuilles ovales. Les fleurs, présentes d'avril à novembre, sont très petites, dépourvues de pétales et munies de bractées jaune-verdâtre. Les graines sont projetées à maturité ; elles sont également disséminées par les fourmis. La tige contient un "lait" blanc qui est irritant, mais est efficace contre les verrues. Le nectar attire de nombreux insectes.

Euphorbe réveil-matin

Euphorbia lathyrus
Euphorbe Epurge

Belle plante, qui attire l'oeil et a été introduite dans les jardins pour sa supposée vertu de repousser les taupes. Ses feuilles étroites rayonnent horizontalement à partir de la tige. Bisannuelle, elle produit la seconde année des fruits spongieux et vénéneux.

Euphorbia peplus
Euphorbe peplus

Euphorbe peplus

Fumaria officinalis
Fumeterre officinale
Mauvaise herbe commune dans tous les sols, spécialement les sols calcaires. Sa tige rouge vif devient brune lorsque les feuilles se développent. Feuilles grisâtres rappelant celles de la carotte. Fleurs roses, avec l'extrémité des pétales rouge noirâtre, et s'épanouissant d'avril à octobre.

Les graines peuvent rester dormantes un certain temps, mais chaque printemps voit germer une partie du stock. Dans les sols humides et fertiles, la fumeterre devient une grande plante envahissante. Elle était utilisée en médecine comme tonique, comme laxatif léger et contre le scorbut. Elle doit son nom, qui vient du moyen-âge, à l'impression qu'elle donne de sortir de terre comme de la fumée.

Géranium dissectum

Galium aparine
Gaillet gratteron
Mauvaise herbe bien connue, grimpante et s'accrochant aux vêtements. Les longues feuilles étroites sont verticillées. La plante est couverte de poils crochus, tournés vers le bas, qui s'accrochent à ce qui passe à proximité. Elle grimpe sur d'autres plantes et forme un rideau épais. Fleurs d'un blanc terne, présentes de mai à septembre. Les graines se disséminent en s'accrochant aux animaux. Les oies aiment cette plante. On la coupait en petits morceaux dans du lait pour donner de la vigueur aux cheveux et aux dents. Les racines servaient à préparer une teinture rouge.

Gaillet gratteron

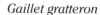

Geranium robertianum
Herbe-à-Robert
Mauvaise herbe qui prospère dans les terrains négligés. Plante annuelle à l'odeur forte, souvent de couleur rougeâtre. Fleurs roses d'avril à novembre. On la trouve dans les endroits ombragés.

Geranium spp.
Géraniums
Le géranium mou (*Geranium molle*) est une mauvaise herbe commune des sols sableux. Son port est étalé et ses tiges velues. Fleurs rose pourpre, d'avril à septembre, plus petites que celles de l'herbe-à-Robert. Le géranium disséqué (*Geranium dissectum*) peut également devenir une mauvaise herbe. Sa tige est dressée et ses feuilles sont plus finement divisées que celles des autres espèces. On s'en servait jadis pour soigner les hémorroïdes et les saignements internes. Le géranium sanguin (*Geranium sanguineum*) est un autre proche parent que l'on reconnaît à ses fleurs solitaires rouge vif.

Géranium sanguin

29

Impatiens glandulifera
Balsamine de l'Himalaya
Plante venue de l'Inde puis échappée des jardins. De grande taille, elle a une tige creuse rougeâtre et des feuilles vertes non découpées, pourvues sur leur pourtour de petites dents rouges. Son odeur est douceâtre. Fleurs roses (ou blanches) de juillet à octobre. Les gousses sont explosives et projettent à maturité leurs graines lorsqu'on les touche ou les secoue. Cette plante prospère dans les sols humides et sous les climats frais.

Lampsane

Balsamine de l'Himalaya

Lapsana communis
Lampsane commune
Mauvaise herbe commune des sols riches. Plante annuelle, de taille variable, aux feuilles ovales pointues et dentelées.
Inflorescences ressemblant à celle du pissenlit, restant fermées par mauvais temps. Contrairement à de nombreuses autres plantes de cette famille, la lampsane n'exsude pas de jus laiteux. Floraison et production de graines de juin à octobre. Une plante de taille moyenne peut produire jusqu'à 1 000 fruits. Apparentée à la laitue, la lampsane peut se manger en salade, bien qu'elle soit amère.

Matricaire

Lamium purpureum
Ortie rouge, lamier pourpre
Appartient à la même famille que la menthe. Plante annuelle, basse, duveteuse, aromatique, aux fleurs roses. Peut fleurir et donner des graines toute l'année si le temps s'y prête. Celles-ci sont disséminées par les fourmis.

Lamier pourpre

Matricaria discoidea
Matricaire
Plante annuelle que l'on rencontre sur les chemins piétinés. De petite taille, elle a des feuilles plumeuses et dégage une forte odeur d'ananas. Ses capitules sont globuleux, jaune vert, dépourvus de pétales ; floraison de mai à novembre.
Chaque plante produit environ 7 000 semences, qui sont disséminées par l'eau de pluie et par la boue des chaussures et des véhicules.

Medicago spp.
Minette et luzerne tachée

Le genre *Medicago* comprend de nombreuses espèces. Deux d'entre elles sont considérées comme des mauvaises herbes : *Medicago maculata* (luzerne tachée) et *Medicago lupulina* (minette). Ce sont toutes deux des légumineuses, mais leurs gousses sont atypiques.

La minette est une petite plante au port étalé qui, par ses feuilles et ses fleurs jaunes, rappelle le trèfle. Elle fleurit d'avril à octobre, et donne des gousses garnies de graines noires.

La luzerne tachée a, comme son nom l'indique, des folioles tachetés de noir. Ses inflorescences jaunes ont moins de fleurs (1 à 4) que celles de la minette. Les gousses sont épineuses et spiralées.

Minette

Myosotis

De nombreuses graines restent dormantes, mais une partie d'entre elles germent chaque automne. La plante hiverne sous forme de rosette.

Mercurialis annua
Mercuriale annuelle

Annuelle de la fin de l'été, poussant plutôt sur les sols riches en azote. Elle ressemble à sa parente, la mercuriale vivace, mais est plus pâle, glabre et parfois ramifiée. Elle a besoin de chaleur pour fleurir, et le fait en général de fin mai à novembre. Si les conditions sont favorables, elle peut réaliser son cycle végétatif en 12 semaines et se disséminer alors grâce à ses fructifications explosives. La mercuriale annuelle est vénéneuse et sa consommation peut provoquer des gastro-entérites.

Myosotis arvensis (Myosotis intermedia)
Myosotis intermédiaire

Plante annuelle (ou bisannuelle) de petite taille, velue. Rosette de feuilles d'où partent les tiges fructifères. Petites fleurs délicates gris bleu pâle, d'avril à octobre. Les graines deviennent gluantes lorsqu'elles sont humides et se disséminent en restant collées aux passants.

Oxalis corniculata
Oxalis jaune, oxalis corniculé

Petite plante annuelle (ou vivace) rampante, qui s'enracine à la jonction des feuilles, formées de trois folioles. Fleurs jaune vif de mai à octobre. Se dissémine en projetant les graines contenues dans ses capsules explosives. Plante probablement originaire d'Europe méridionale.

Oxalis jaune

Papaver spp.
Pavots
Le coquelicot (*Papaver rhoeas*) était jadis caractéristique des champs de blé. Il apparaît occasionnellement dans les jardins, suite au réveil de graines dormantes. Plante moyenne aux feuilles et aux tiges velues ; fleurs rouge vermillon, plus sombres au centre, munies d'anthères (produisant le pollen) bleu-noir. Capsules rondes et glabres.

Quatre autres espèces (*Papaver dubium, Papaver leoqii, Papaver hybridum, Papaver argemone*) se reconnaissent à l'aspect de leur capsule.

Les graines peuvent rester dormantes de nombreuses années.

Les pavots sont considérés comme légèrement narcotiques et de nombreuses parties de la plante ont un usage médicinal.

Coquelicot

Pavot

On préparait avec les coquelicots un sirop qui servait à colorer les encres. Ils ne produisent pas de nectar mais leur pollen est apprécié des insectes.

Une autre espèce - *Papaver somniferum* (celui dont on tire l'opium) - est devenue une plante commune des jardins ; ses feuilles sont d'un vert glauque et ses fleurs roses, mauves ou blanches.

Poa annua
Pâturin annuel
Mauvaise herbe commune dans tous les sols riches en azote. Graminée trapue, jaune verdâtre, donnant de petits épis violacés. Dépourvue de barbe et de pousses souterraines. Taille très variable selon l'humidité et la richesse du sol. Fleurit et germe à n'importe quel moment de l'année, mais plus particulièrement au printemps.

Pâturin annuel

On faisait autrefois une infusion avec les feuilles et une autre avec les pétales pour soigner la toux et les affections de la gorge ; les graines étaient considérées comme analgésiques.

Renouée des oiseaux

Polygonum aviculare
Renouée des oiseaux
Souvent considérée comme une des mauvaises herbes annuelles les plus difficiles à éliminer. Très commune, surtout en sol riche en azote.

Plante à port étalé, glabre, aux feuilles plus grandes sur la tige principale que sur les ramifications. Des gaines transparentes, en forme de fourreau, encerclent la tige à la base des feuilles. De petites fleurs roses et blanches se développent sur les feuilles de juin à novembre.

La renouée des oiseaux se multiplie par graines, certaines pouvant rester dormantes de nombreuses années. Elle dispose également d'autres stratégies pour survivre. Elle arrive à maturité et s'étend rapidement, ses pousses filiformes s'étalant facilement sur 0,2 m2. Elle émet une racine pivotante qui peut atteindre 30 à 60 cm de profondeur dans les sols sableux. Elle est très difficile à extirper, et peut se régénérer si on la coupe pendant la période de végétation.

Renouée persicaire

Polygonum persicaria
Renouée persicaire, pied rouge
Mauvaise herbe des terrains humides. Plante annuelle, de taille moyenne, à port étalé, glabre, ramifiée, avec des taches sombres en forme de pointe de flèche sur les feuilles. Fleurs roses, en gros épis serrés, de juin à octobre.

Les graines sont comestibles ; on en a trouvé dans l'estomac de l'homme du début de l'âge du fer.

Scandix pecten-veneris
Peigne-de-Vénus
Jadis commune dans les champs, cette mauvaise herbe est en voie d'extinction du fait des herbicides. On la trouve surtout en terre calcaire.

Petite plante annuelle aux feuilles rappelant celles de la carotte ; c'est, comme cette dernière, une ombellifère. Les fleurs, présentes de mai à août, forment des ombelles blanches simples.

Sa principale caractéristique, qui attire le regard, est son fruit en forme d'aiguille, qui peut atteindre 8 cm de longueur. Ses cosses sont couvertes de petites épines pointées vers le haut qui aident les graines à s'enfouir dans le sol.

Peigne-de-Vénus

Senecio vulgare
Séneçon commun
Plante à plusieurs générations annuelles très commune. De petite taille, elle a des feuilles minces qui rappellent vaguement celles du chêne. Capitules de fleurs jaunes, non rayonnants, pouvant apparaître à n'importe quelle époque de l'année.

Les graines sont transportées par le vent sur de grandes distances grâce à leur parachute, et peuvent germer, se développer et produire des graines en cinq semaines. Le séneçon était jadis utilisé comme purgatif, comme diurétique et en cataplasme sur les ulcères. On disait que renifler les racines fraîches guérissait les maux de tête, et on faisait tremper les feuilles dans du lait pour les donner aux enfants qui perçaient leurs dents. Toute la plante est une bonne source de nourriture pour la chenille du *Callimorpha jacobea* (voir Séneçon jacobée page 23) ; les graines sont mangées par les chardonnerets et les linottes.

Séneçon vulgaire

Sinapis arvensis
Moutarde des champs, sanve
Mauvaise herbe des champs, qui est facilement introduite dans les jardins par le fumier et les aliments pour volailles. Plante moyenne à grande, velue, de la même famille que le chou (crucifères). Les feuilles inférieures, plus grandes que les supérieures, sont dépourvues de pétioles et n'enveloppent pas la tige. Les fleurs, de couleur jaune, présentes d'avril à octobre, produisent des siliques semblables à celles du radis.

Moutarde des champs

La moutarde des champs sert d'hôte à de nombreux ravageurs et maladies des choux, tels que l'altise, la hernie, le mildiou des crucifères. La moutarde blanche et le colza, cultivés comme engrais verts, peuvent également devenir des mauvaise herbe si on les laisse monter à graines.

Sisymbrium officinale
Sisymbre officinal, herbe-aux-chantres
Mauvaise herbe commune des bords de chemins, appartenant à la même famille que le chou. Plante annuelle moyenne à grande, aux tiges ramifiées, à l'allure de candélabre. Petites fleurs jaunes, de mai à septembre, au sommet de la tige, au-dessus des petites siliques verticales, serrées contre la tige. Les graines peuvent germer en automne ou au printemps. L'herbe-aux-chantres sert d'hôte à de nombreux ravageurs et maladies des choux. On prescrivait jadis cette plante, en infusion, contre les maux de gorge ; du temps de Louis XIV, elle était considérée comme un excellent remède contre l'extinction de voix.

Sonchus asper
Laiteron âpre
Laiteron annuel, se distinguant du laiteron maraîcher (*Sonchus oleraceus*) par ses feuilles moins lobées, pourvues d'épines plus acérées, enveloppant nettement la tige de ses lobes arrondis.

Laiteron âpre

Sonchus oleraceus
Laiteron maraîcher, lait d'âne
Plante annuelle moyenne à grande, verdâtre, glabre. Les feuilles sont lobées et leurs bords légèrement épineux. Elles entourent la tige de leurs oreillettes en forme de flèches.
Le laiteron a une racine pivotante profonde, difficile à extirper. Fleurs ressemblant à celles du pissenlit, en grappes, et présentes de mai à novembre. Chaque plant produit environ 6 000 graines, qui sont disséminées par le vent. Si la plante est coupée et enfouie lorsqu'elle est en fleurs, les graines mûrissent quand même et germeront lorsqu'elles seront ramenées à la surface. Le laiteron indique un sol fertile.
C'est un excellent aliment pour les lapins, mais c'est aussi, hélas, un hôte pour le puceron des racines de la laitue.

Spergula arvensis
Spergule des champs, spargoute
Mauvaise herbe commune des sols acides et sableux ; elle survit à un pH de 4. Petite plante annuelle, munie de poils gluants et de feuilles très caractéristiques en forme

Spergule des champs

d'aiguilles, disposées en verticilles. Très petites fleurs blanches, de mai à septembre. Les graines peuvent germer en automne ou au printemps. Si le temps est favorable, la plante peut accomplir son cycle végétatif en huit semaines. Une proche parente - *Spergula sativa* - était cultivée pour ses graines et ajoutée à la nourriture du bétail et de la volaille.

Stellaria media
Mouron des oiseaux
Mauvaise herbe à plusieurs générations annuelles très commune. Plante rampante, aux feuilles ovales, les inférieures pétiolées. Très petites fleurs blanches ayant des pétales fendus jusqu'à la base et présentes toute l'année. Plante très "maternelle", repliant ses feuilles le soir sur les boutons floraux pour les protéger. Les fleurs ne vivent qu'une journée, mais sont très nombreuses. Chaque plante peut produire 2 000 graines, chacune d'entre elles pouvant accomplir son cycle végétatif en sept semaines !
Le mouron indique un sol fertile. C'est une plante comestible, riche en minéraux. L'eau de mouron était un remède de bonne femme contre l'obésité.

Mouron des oiseaux

Tragopogon pratensis
Salsifis des prés
Plante moyenne, glabre, annuelle (ou vivace), aux feuilles très allongées.
Les capitules, qui rappellent ceux du pissenlit, sont plus courts que les bractées qui les entourent, et ne s'épanouissent que les jours de soleil (de mai à août). Les racines étaient jadis mangées comme celles du panais, et les tiges peuvent se consommer comme des asperges.

Matricaire

Matricaria inodora
Matricaire inodore
Petite plante annuelle non odorante et aux feuilles pennées. Fleurs rappelant la pâquerette, présentes d'avril à octobre. Tout comme *Chamomilla suaveolens* (voir page 30) - un proche parent - cette plante colonise les chemins.

Veronica spp.
Véroniques
On trouve de nombreuses espèces de véronique dans les jardins.

Veronica persica
Véronique de Perse
Originaire du sud-ouest de l'Asie. Petite plante annuelle étalée, aux feuilles munies de lobes pointus. Fleurs bleu ciel autogames, avec des veines foncées et un pétale inférieur blanc. Fleurit de mars à mai. Tiges rampantes qui émettent des racines.

Véronique de Perse

La plante se multiplie également par graines (jusqu'à 600 par plante), disséminées par les fourmis et par les hommes. *Veronica filiformis* est également une plante importée. Elle fut et est maintenant une mauvaise herbe commune des pelouses. Plante vivace basse, étalée, aux feuilles réniformes. Fleurs bleu vif teintées de violet, présentes d'avril à juin. La véronique petit-chêne (*Veronica chamaedrys*) est une autre plante vivace basse et étalée, aux feuilles ovales pointues. Ses fleurs sont bleu vif avec un oeil blanc ; on les trouve d'avril à juin. Cette plante était utilisée pour purifier le sang et traiter les maladies pulmonaires.

Vicia spp.
Vesces
De nombreuses vesces peuvent apparaître dans les jardins comme mauvaises herbes. Elles posaient jadis de grands problèmes dans les champs de blé, où elles grimpaient sur la céréale et l'étouffaient.

Vicia hirsuta
Vesce hérissée
Plante annuelle grêle, velue, de petite taille ; feuilles rappelant celles des fougères ; vrilles non ramifiées à l'extrémité des feuilles. Fleurs lilas pâle en grappes, de mai à août. La vesce cracca (*Vicia cracca*) est un proche parent, mais elle est, au contraire, grande, grimpante et vivace.

Vesce cracca

Vicia tetrasperma
Vesce à quatre graines
Semblable à la vesce hérissée, avec des fleurs plus grandes et des gousses glabres.

Vesce à quatre graines

Viola spp.
Violettes
Très belles plantes s'hybridant facilement. *Viola arvensis* et *Viola tricolor* sont deux espèces annuelles assez communes dans les jardins.

Viola arvensis
Violette des champs
Plante annuelle basse. Les feuilles inférieures sont pétiolées et ovales, les supérieures plus étroites. Fleurs crème, parfois teintées de violet ou de jaune, présentes d'avril à novembre.

Viola tricolor
Pensée sauvage
Plante annuelle basse. Feuilles inférieures pétiolées et ovales à lancéolées.
Fleurs violettes ou jaunes, ou les deux, présentes d'avril à novembre. Par temps de pluie, elle baisse la tête pour protéger les fleurs.
Les graines restent abritées dans leurs fruits tout l'été. La pensée sauvage est utilisée comme remède contre les maladies de peau (eczéma, impetigo, acné) et comme diurétique.

Pensée sauvage

Les effets bénéfiques
des mauvaises herbes

De nombreux jardiniers arrachent les fleurs sauvages de leur jardin au motif qu'elles sont classées parmi les mauvaises herbes, ou tout simplement parce qu'ils ne les ont pas semées.

Pourtant, les "mauvaises" herbes ne sont pas toujours mauvaises.

Lorsque vous en voyez une dans votre jardin, arrêtez-vous un instant avant de l'arracher. Concurrence-t-elle réellement vos légumes ou vos plantes ornementales ?

Sinon, n'a-t-elle pas quelques effets bénéfiques ? Certaines sont de jolies fleurs spontanées, bénéfiques pour la vie sauvage et pour le sol. Même celles qui concurrencent les plantes cultivées peuvent, une fois arrachées, avoir de multiples usages. Par exemple être compostées ou agrémenter votre table d'un complément savoureux et nutritif. Les jardiniers biologiques tolèrent certaines mauvaises herbes et en font bon usage, que ce soit en les laissant sur place ou en les arrachant.

Effets bénéfiques des mauvaises herbes en place

Mauvaises herbes	Effets bénéfiques
Toutes les mauvaises herbes	● Augmentent la diversité. ● Ramènent en surface certains éléments nutritifs du sous-sol.
Nombreuses mauvaises herbes	● Renseignent sur la nature et la qualité du sol.
Ortie	● Accentue la saveur des plantes aromatiques voisines. ● Stimule la croissance d'autres plantes.
Mouron des oiseaux, trèfle, vesce	● Peuvent jouer le rôle d'un engrais vert. ● Couvrent le sol et le protègent des fortes pluies.
Rumex, pissenlit, consoude	● Ameublissent le sol en profondeur. ● Amènent en surface des éléments nutritifs du sous-sol. ● Améliorent la structure et le drainage du sol.
Nielle des blés	● Augmente le rendement du blé.
Renouée des oiseaux, liseron des haies, pissenlit, coquelicot, cardère, cirse, mouron des oiseaux, bourse-à-pasteur, plantain	● Leurs graines nourrissent les oiseaux
Liseron des champs, ronce, cirse, lierre, pissenlit, silène, minette, séneçon	● Fournissent du nectar aux papillons.
Cirse, chénopode, minette, lierre, silène, séneçon, trèfle, ortie blanche	● Fournissent du nectar aux abeilles.
Silène	● Fournit du nectar aux papillons nocturnes.
Rumex, oseille, ortie, séneçon, jacobée, bardane, moutarde des champs, liseron	● Nourrissent les chenilles.
Euphorbe réveil-matin, fumeterre	● Fournissent des graines oléagineuses aux fourmis.
Ortie, chénopode, minette, lampsane, pissenlit, lise	● Attirent des prédateurs (coccinelles et syrphes) dont les larves mangent les pucerons.
Cirse des champs, herbe-aux-goutteux, ortie, bourse-à-pasteur, mouron des oiseaux	● Nourrissent les coléoptères.
Lierre	● Procure un abri : certains oiseaux y nichent. Des papillons y hibernent.
Pâquerette, linaire, laurier rouge, silène, consoude, coquelicot	● Décoratives : leurs fleurs mettent de la couleur dans le jardin

Nodosités fixant l'azote (sur trèfle)

Syrphe

Chardonneret

Effets bénéfiques
des mauvaises herbes récoltées

Nombreuses sont les mauvaises herbes utiles une fois "récoltées" ; il ne faut jamais les brûler ou les mettre à la poubelle. Les mauvaises herbes sont souvent les seules plantes mises entières sur le compost. Leurs racines vont chercher dans le sol des éléments nutritifs essentiels, y compris les indispensables oligo-éléments. Certaines espèces sont riches en une substance donnée, par exemple les orties en fer. Pour d'autres, les quantités peuvent être infimes, mais, de toute manière, tous les éléments nutritifs ont été pris dans le sol et doivent lui être restitués, que ce soit en laissant les mauvaises herbes sur le terrain, lors du sarclage, ou en les mettant sur le compost. Quelques plantes sont particulièrement utiles pour le compost, notamment :
● la camomille : riche en fer, en calcium, en phosphore, en soufre ;
● l'achillée : riche en fer, calcium, potasse, phosphore, azote, soufre ;
● l'ortie : riche en fer et azote ;
● le pissenlit : riche en fer, en sodium, potasse et phosphore ;
● la consoude : riche en azote et en potasse.

Ces plantes, mélangées à quelques autres ingrédients, servent de base à divers activateurs de compostage. Désherber, ce n'est donc pas seulement trimer. C'est aussi faire provision d'éléments nutritifs et de matière organique.
Les purins d'ortie et de consoude sont également d'excellents fertilisants liquides. La prêle est très riche en silice et une décoction de cette plante, en pulvérisation, contribue à protéger les cultures contre les maladies cryptogamiques, notamment le mildiou.
Bien des mauvaises herbes sont des plantes médicinales, des aromates, des salades, des légumes, ou entrent dans la composition des boissons, des teintures. Il existe même des plantes textiles ! Parmi les mauvaises herbes dont les jeunes feuilles peuvent se consommer en salades, citons : la cardamine velue, la moutarde blanche, l'alchémille des champs, la pimprenelle, le pissenlit, la lampsane, la porcelle, le salsifis. D'autres peuvent être cuites comme des épinards et servies nature, ou bien incorporées à des soupes et à toutes sortes de plats. L'herbe-aux-goutteux fut introduite en Europe comme légume, mais le mouron des oiseaux, la bourse-à-pasteur, le laurier de Saint-Antoine, les orties rouge et blanche, la moutarde des champs et le gaillet font partie des mauvaises herbes qui peuvent également finir dans votre assiette. Le chénopode est recommandé comme légume vert, mais du fait de sa teneur en acide oxalique, il peut devenir

toxique s'il est consommé en trop grandes quantités. Les feuilles ne sont pas les seules parties consommables. Les tiges d'achillée, de berce, de salsifis et de bardane se mangent comme des asperges, après qu'on ait enlevé les parties extérieures dures. Les tiges de bardane évoquent à la fois le fenouil et le concombre. Jadis, les enfants mâchaient en guise de réglisse, les racines d'arrête-boeuf. Les racines de potentille ont également un intérêt culinaire : on les cuit au four ou à l'eau comme des pommes de terre. Les racines de pissenlit, brossées, séchées, torréfiées et moulues, servent à préparer un succédané du café.

Vin de pissenlit
Verser 4,5 litres d'eau sur dix poignées de fleurs fraîchement cueillies. Couvrir et mettre de côté. Au bout de trois jours, filtrer. Faire bouillir le liquide pendant trente minutes et ajouter 1,5 kg de sucre, un peu de gingembre râpé et le zeste d'un citron ou d'une orange. Laisser refroidir, puis ajouter de la levure de bière ; couvrir et laisser fermenter deux jours. Faire décanter ensuite dans des dames-jeannes et mettre au frais.

Bière d'ortie
Ingrédients :
9 litres d'eau froide
1 seau de sommités d'orties (lavées)
4 poignées de fleurs de pissenlit
4 poignées de gaillet
60 g de gingembre
2 tasses de sucre roux
30 g de levure de bière
Faire bouillir tous les ingrédients, sauf le sucre et la levure, pendant une demi-heure, puis filtrer et jeter les plantes sur le compost. Ajouter le sucre et la levure et laisser fermenter sept heures au chaud. Ecumer, ajouter une cuillère à dessert d'acide tartrique, mettre en bouteilles ; boucher soigneusement et entreposer au frais. Une fois prête, cette agréable boisson rappelle la bière au gingembre, et était jadis utilisée comme remède contre les rhumatismes.

Soupe à l'oseille sauvage (Rumex acetosa)
Couper en petits morceaux 50 g d'oseille sauvage, un gros oignon et un brin de romarin. Mélanger le tout avec une c. à s. de farine et laisser cuire à feu très doux dans 85 g de beurre pendant dix minutes en remuant constamment. Ajouter deux litres d'eau bouillante, 2 c. à s. de chapelure et assaisonner. Laisser cuire une heure à feu doux. Juste avant de servir, incorporer très progressivement deux jaunes d'oeufs et 150 g de crème préalablement bien battus ensemble.

Sauce à l'oseille sauvage
Passer l'oseille crue à la centrifugeuse et la mélanger à du sucre et à du vinaigre pour préparer une sauce savoureuse, qui accompagnera agréablement le poisson.

Pudding d'ortie
Une savoureuse recette écossaise.
Ingrédients :
4 litres 1/2 de sommités d'orties
2 poireaux
2 têtes de brocolis
110 g de riz étuvé
Hacher finement les poireaux et les brocolis. Mettre tous les ingrédients dans un sac en mousseline, le fermer soigneusement et cuire le tout 1/2 heure dans l'eau bouillante. Egoutter ; ouvrir le sac et servir avec une sauce.

De nombreuses mauvaises herbes, à la saveur trop prononcée pour être mangées en grandes quantités, sont utilisables comme aromates. Le persil sauvage parfume les omelettes, mais prenez garde à ne pas le confondre avec la ciguë ou le faux persil, tous deux vénéneux.

Les pétales de bourrache, mâchés ou en infusion, sont efficaces contre la gueule de bois. Les graines de coquelicot peuvent décorer le pain ou certains gâteaux (les mettre avant cuisson). Ajoutées à du miel pour sucrer des fruits, elles sont délicieuses.

Les propriétés médicinales de certaines mauvaises herbes étaient jadis bien connues.

Bon nombre d'entre elles étaient prescrites comme remèdes car elles évoquaient la maladie à soigner. C'est la doctrine dite des signatures. Par exemple, la chélidoine servait à soigner les hémorroïdes car ses racines bulbeuses en rappellent l'aspect. Des recherches récentes ont confirmé les propriétés médicinales de nombreuses mauvaises herbes. La grande camomille contient des sesquiterpènes et des cétones qui agissent contre les maux de tête : il suffit d'en mâcher les feuilles hachées.

Les orties ont été utilisées en Europe par l'industrie textile. Elles sont plus résistantes que le lin et moins grossières que le chanvre.

On tire également de l'ortie une teinture verte qui a servi pendant la guerre pour les filets de camouflage. Les graines de gaillet ont également eu leurs beaux jours : elles ornaient la tête des épingles des dentellières.

Les mauvaises herbes, plantes indicatrices

A chaque type de sol correspond une certaine flore. Celle qui pousse sur votre terrain peut vous dire si votre sol est humide ou sec, acide ou basique.

Si vous cultivez votre jardin, si vous l'enrichissez en fumier ou le chaulez, les mauvaises herbes qui y poussent vont changer.

Lorsque vous démarrez un nouveau jardin, regardez bien les mauvaises herbes avant de commencer.

La présence de mouron des oiseaux par exemple, indique que votre sol est fertile et a une bonne structure. Ne vous désespérez donc pas si vous en trouvez dans votre jardin.

Certaines "mauvaises herbes" sont devenues des plantes rares. Donc, lorsque vous cultivez ou améliorez votre sol, conservez quelques sanctuaires pour la flore spontanée.

Mauvaises herbes indicatrices

Espèces	Indiquent	Remarques
Moutarde des champs, peigne-de-vénus, linaire mineure, tussilage	Sol calcaire	Mesurez le pH. Si vous voulez cultiver des plantes qui aiment les sols acides, ajoutez de la terre de bruyère. Evitez tout apportde fertilisant riche en calcium
Fougère, spergule, petite oseille, pensée sauvage, houque molle	Sol acide	Mesurez le pH. Un amendement calcaire sera sans doute nécessaire
Mouron des oiseaux, cirse des champs, euphorbe peplus, véronique de Perse, ortie, chénopode, consoude, brunelle, lamier pourpre, matricaire camomille, crépide, lierre terrestre, pissenlit, ficaire, liseron, capselle bourse-à-pasteur	Sol riche en éléments nutritifs (notamment en azote)	Entretenez la fertilité par des apports organiques. Si la végétation est exubérante et les floraisons peu abondantes, évitez les fertilisants riches en azote
Sagine couchée, potentille ansérine, plantain, renoncule rampante, prêle, tussilage	Sol humide, mal drainé et/ou compacté	Aérez le sol. Pratiquez le double bêchage. Semez des engrais verts. Ajoutez de la matière organique. Drainez
Herbe-aux-goutteux, lampsane commune, matricaire camomille, pissenlit, tussilage, géranium disséqué	Sol lourd, riche en argile	Semez des engrais verts. Ajoutez du compost bien décomposé. Ajoutez éventuellement du sable

Les mauvaises herbes sources de problèmes

Malgré tous leurs avantages, les mauvaises herbes sont très agressives et, si vous les laissiez faire, elles ne tarderaient pas à prendre la place des plantes que vous voulez cultiver. De nombreuses mauvaises herbes :

● Font concurrence aux plantes cultivées pour l'air, l'eau et les éléments nutritifs.

● Sont toxiques.

● Peuvent rendre la récolte difficile.

● Peuvent être esthétiquement indésirables.

● Peuvent propager des ravageurs et des maladies.

La concurrence

Certains légumes - comme les oignons - peuvent souffrir gravement s'ils ne sont pas désherbés. Dans les deux semaines qui suivent la germination, les plantules d'oignon bénéficient de la protection des mauvaises herbes. Après, elles ont impérativement besoin de lumière pour pouvoir nourrir les bulbes qui commencent à se développer. Leurs feuilles étroites souffrent de l'ombre faite par les mauvaises herbes. Si ces dernières ne sont pas enlevées, le rendement des oignons risque de baisser rapidement. N'attendez pas trop pour désherber, car vos oignons pourraient ne pas se remettre d'un mauvais départ.

D'autres plantes, comme les courges ou les pommes de terre, réagissent, prennent le dessus sur les mauvaises herbes et leur rendent la pareille. La concurrence joue également dans le sol, surtout avec les mauvaises herbes vivaces. C'est le cas de la prêle : ses feuilles étroites font peu d'ombre, mais ses racines absorbent avec avidité les éléments nutritifs du sol.

La concurrence exercée par les mauvaises herbes varie avec les saisons. Le mouron des oiseaux qui germe en été ne pose généralement pas de problème et peut même servir d'engrais vert sous les légumes arrivant à maturité.
Au printemps, cette plante peut constituer par endroits une vraie menace, par exemple dans les semis en pépinière.

Dommages causés aux plantes cultivées

Le liseron peut devenir un vrai casse-tête dans les carrés réservés aux petits fruits ou aux plantes ornementales. Il les utilise en effet pour grimper jusqu'au soleil, les étouffant et leur faisant de l'ombre. Le chiendent peut, lui aussi, être particulièrement vicieux, comme vous l'avez sans doute constaté si vous avez planté des pommes de terre. Il empale de ses puissants rhizomes les tubercules qui osent lui barrer la route, les traverse de part en part, et continue son chemin. Non contentes de s'attacher aux plantes cultivées, certaines mauvaises herbes, comme le lierre, peuvent également endommager les murs mal entretenus.

Lierre envahissant une maison

Les mauvaises herbes vénéneuses

Le séneçon jacobée et la nielle des prés sont vénéneuses ; veillez à les maintenir à bonne distance de vos animaux et des enfants. Les graines de la nielle sont toxiques : coupez-en les inflorescences au fur et à mesure qu'elles fanent.

Les problèmes de récolte

Ils se posent beaucoup moins au jardin que chez les agriculteurs, où la récolte est mécanisée. Les principales difficultés viennent des mauvaises herbes qui ressemblent aux plantes cultivées, et aussi de celles qui se défendent. Il arrive fréquemment que de petites orties se cachent dans les planches de fraisiers, et qu'on ne les découvre qu'au moment de la cueillette ; leurs racines sont alors étroitement enlacées avec celles des fraisiers.

Les problèmes esthétiques

Certains jardiniers veulent un jardin impeccable et bien ordonné. Ils éliminent toute mauvaise herbe qui nuit à la beauté, même si elle ne présente pas d'autres inconvénients.

Ravageurs et maladies

Les mauvaises herbes servent fréquemment d'hôtes à des ravageurs et à des maladies (on trouvera ci-contre les plus communes).

Certains ravageurs des mauvaises herbes peuvent cependant être bénéfiques. Les pucerons que l'on trouve tôt au printemps sur les orties, par exemple, servent de nourriture aux coccinelles. Cela peut favoriser la multiplication de ces dernières, qui viendront ensuite sur les fleurs et les légumes manger les pucerons avant qu'ils ne soient trop nombreux. Le cas inverse est celui des vers gris, ravageurs qui attaquent les racines et les tiges. Si un carré plein de mauvaises herbes est mis en culture et que ces ravageurs se trouvent privés de leur nourriture, ils s'empresseront d'aller s'attaquer aux plantes cultivées.

Les maladies sont une autre source de problèmes. Bon nombre de mauvaises herbes de la famille des crucifères, comme la moutarde ou la bourse-à-pasteur, transmettent, qu'elles soient mortes ou vivantes, le champignon qui provoque la hernie. Si, donc, vous veillez à votre rotation pour vous débarrasser de cette maladie, assurez-vous d'éliminer aussi les crucifères.

La bourse-à-pasteur sert également d'hôte à la rouille blanche, qui peut être transmise aux choux. Enfin, diverses mauvaises herbes sont les hôtes de maladies à virus.

Ces derniers sont transmis aux plantes cultivées par les insectes suceurs tels que les pucerons, qui vont de plante en plante. Bien que les virus puissent causer la mort des plantes cultivées, ils peuvent transiter sans qu'on s'en rende compte par un hôte mauvaise herbe. Des plantes ornementales servent également d'hôtes aux virus ; la giroflée, par exemple, peut héberger le virus de la mosaïque du tabac.

Mauvaises herbes	Ravageurs ou maladies	Plantes atteintes
Mouron des oiseaux	Acariens mouche blanche	Cultures sous serre
Chénopode, patience	Pucerons	Fève
Laiteron	Mineuse des feuilles	Chrysanthème Bulbes
Véronique	Nématodes des tiges et des bulbes	(par exemple, jonquilles)
Séneçon	Rouille	Cinéraires
Mouron, séneçon	Virus de la mosaïque du concombre	Courge, tomate
Bourse-à-pasteur, séneçon, cardamine hérissée, chénopode blanc	Virus de la jaunisse	Laitue (les feuilles du tour jaunissent)
Bourse-à-pasteur et autres crucifères	Virus de la mosaïque du chou-fleur	Choux

Acariens sur melon

Les principes du contrôle non chimique

L'objectif principal est d'éliminer les mauvaises herbes jusqu'au point où elles cessent de faire concurrence aux cultures. Les herbicides semblent une solution commode, mais, ils ne se contentent pas de tuer les mauvaises herbes. Ils ont des effets à long terme sur l'environnement, et en particulier sur la faune sauvage, la vie du sol, les animaux de compagnie et l'homme.

Des études scientifiques ont montré qu'ils peuvent être irritants (2,4 - D, aminotriazole, dalapon, MCPA, dicamba). Certains sont même suspectés d'être cancérogènes (2,4 - D, aminotriazole). De nombreux herbicides, notamment le paraquat et le diquat, sont toxiques pour les vers de terre et perturbent l'activité biologique du sol. Le paraquat est toxique pour les mammifères et peut provoquer des lésions définitives des organes internes. Dans un jardin, lieu de repos et de détente, le recours aux herbicides ne se justifie pas, même si les produits vendus aux amateurs sont peu concentrés et si les précautions d'emploi sont clairement indiquées sur les emballages. Les techniques non chimiques sont tout aussi efficaces et, à long terme, ne prennent pas davantage de temps.

Certaines sont préventives, d'autres curatives. Votre choix dépendra des mauvaises herbes présentes, des endroits et des surfaces concernées, chemins, cultures annuelles, plates-bandes de vivaces, etc. et enfin de vos contraintes en temps et en argent. Le tableau ci-contre passe en revue quelques-unes des méthodes que vous pourrez essayer.

Des détails complémentaires sont fournis dans les pages suivantes. Quelle que soit la méthode choisie, vous devez garder à l'esprit trois principes de base :
● Les mauvaises herbes sont des plantes vertes. Elles ont besoin de lumière. Donc sans lumière, pas de mauvaises herbes !

● Gardez de l'avance sur les mauvaises herbes. Enlevez-les aussitôt que vous les voyez (si elles risquent de vous poser un problème).

● Ne les laissez pas fleurir et mûrir leurs graines. Le dicton "une année d'herbes à graines, sept années de désherbage" n'a rien perdu de son actualité. Le mieux est d'enlever les mauvaises herbes avant

Rappel des différentes techniques

Méthode	Commentaire
Bonne technique de compostage	● Compost chauffant bien ● Aide à résoudre le problème des racines de vivaces
Travail du sol	● Technique du faux semis ● Travail superficiel au rotovator, double bêchage ● Elimination de la couche superficielle du sol
Production des plants	● En godets ● Disposer de plants vigoureux, se développant rapidement
Mulching	● Supprime la lumière au niveau du sol
Engrais verts	● Certains sont "nettoyants"
Rotation	● Choisir un système qui tienne les mauvaises herbes en échec
Se protéger des invasions	● Clôtures et fossés
Sarclage	● Au bon moment, avec les bons outils
Pyrodésherbage	● Outils et techniques
Nouvelles idées	● Lutte biologique

même qu'elles aient fleuri, beaucoup d'entre elles pouvant continuer à mûrir leurs graines une fois arrachées.

Le compost

Les mauvaises herbes font partie des plantes, peu nombreuses, qui sont mises entières sur le compost. Elles sont un atout précieux par les éléments nutritifs qu'elles contiennent.
Les graines de mauvaises herbes peuvent être inactivées par le compostage, à condition que la température atteinte lors de la fermentation soit suffisante; dans le cas contraire, bon nombre de graines

survivront et poseront de sérieux problèmes lorsque vous épandrez le compost.

Pour que le compost chauffe

1. Le silo à compost doit avoir au moins 1,20m2 de surface au sol.
2. Les côtés du silo doivent être pleins ou peu ajourés pour garder la chaleur à l'intérieur.
3. L'air doit pouvoir pénétrer par la base.
4. Faites le tas de compost en une seule fois.
5. Mélangez une grande variété de matières organiques, certaines d'entre elles devant être riches en azote, pour que les microorganismes puissent faire monter la température.
6. Hachez ou broyez les ingrédients et mélangez-les soigneusement : le tas chauffera plus rapidement.
7. Mouillez les matériaux à composter en sorte que, en pressant fortement une poignée, il s'écoule tout juste quelques gouttes d'eau.
8. N'ajoutez pas de mottes de terre, qui pourraient refroidir le tas.
9. Couvrez le compost d'une vieille moquette ou d'un plastique afin de le maintenir chaud.
10. Isolez le tas pour qu'il garde sa chaleur.
11. Retournez le tas, en mettant les parties périphériques au centre, lorsqu'il commence à se refroidir (en général au bout de 2 à 3 semaines) ; ainsi toutes ses parties chaufferont.

Quelques facteurs de l'élévation de la température

Les graphiques illustrent l'effet, sur l'échauffement du compost, du rapport carbone/azote , de la taille des matériaux utilisés, du volume du tas, et du retournement.

Les activateurs

Certains composés riches en azote agissent comme activateurs, notamment en abaissant le rapport carbone/azote,

Dimension des matières compostées

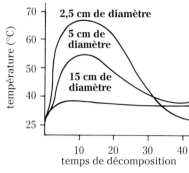

Volume

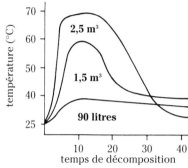

Fréquence des retournements

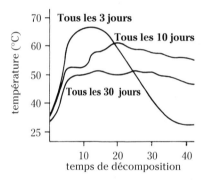

et stimulent l'échauffement du tas. La proportion de carbone doit demeurer suffisante (20 à 30 parties de carbone pour une partie d'azote), faute de quoi le tas deviendra visqueux et pourra s'échauffer trop fortement, voire prendre feu. C'est le carbone qui fait la substance du compost mûr.

Les mauvaises herbes pernicieuses

Les mauvaises herbes vivaces pourvues d'organes souterrains résistants ont tendance à repousser lorsqu'on les met dans le compost. Les racines du rumex contiennent des substances inhibitrices qui empêchent les champignons et les bactéries du sol de les décomposer. Cependant, ces racines sont trop précieuses pour être gaspillées. Vous pouvez faire une sorte d'ensilage avec les rhizomes de chiendent en les mettant dans des sacs en plastique noir, et en ajoutant au compost, un an plus tard, le produit de leur décomposition.

Rapport Carbone sur azote (C : N)

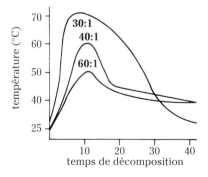

Le travail du sol avant semis

On réduit fortement l'envahissement par les mauvaises herbes en travaillant le sol judicieusement avant d'y semer des légumes ou une pelouse. Les méthodes sont nombreuses. Le choix dépend de la nature des mauvaises herbes présentes et du type de culture à mettre en place. Voici quelques idées.

Les faux semis

C'est une bonne méthode pour prendre les mauvaises herbes annuelles par surprise. Préparez au printemps votre lit de semences de la manière habituelle, mais faites-le une quinzaine de jours avant la date prévue pour le semis ou la plantation.

● Ameublissez le sol (bêche, aérateur à dents, motoculteur).

● Ratissez pour éliminer les pierres et les mottes, et pour créer un lit de semence fin et meuble. Puis, au lieu de semer, laissez tel quel. S'il fait froid, couvrez d'un matériau transparent (verre, plastique ou voile de polypropylène). Les mauvaises herbes, stimulées par la lumière et la chaleur, ne vont pas tarder à lever.

● Au bout de 15 jours, sarclez, puis semez vos graines. Elles germeront rapidement, bénéficiant de la chaleur et de l'absence de concurrence.

Travail au rotovator

Cette méthode peut servir à nettoyer un carré envahi de mauvaises herbes vivaces, mais cela vous prendra quelques mois. Si vous passez le rotovator une seule fois, vous multiplierez les plantes vivaces, et aggraverez vos difficultés. Si au contraire vous effectuez plusieurs passages à intervalles réguliers, vous déterrerez chaque fois les pousses émises par les fragments de rhizomes ou de racines, et ces derniers finiront par s'épuiser et mourir. La meilleure période pour effectuer ce travail est d'avril à juin, lorsque le sol n'est ni trop sec ni trop humide. Procéder ainsi :

● Passer le rotovator à 2 cm de profondeur.

● 2 semaines après, le passer à 4 cm de profondeur.

● 2 semaines après, le passer à 6 cm de profondeur.

● 2 semaines après, le passer à 8 cm de profondeur. Si votre fraise a plusieurs vitesses, utilisez la plus rapide pour bien couper et déchiqueter les mauvaises herbes. Au bout de six semaines, les racines, très affaiblies, commenceront à rendre l'âme.

Cette technique est toutefois très mauvaise pour la structure du sol, qu'elle émiette trop finement en surface tout en créant une zone compactée au-dessous de la couche travaillée. Pour y remédier, semez après le dernier passage du rotovator un engrais vert à enracinement profond et à croissance rapide, comme le seigle d'hiver. Ses racines remédieront au compactage, contribueront à reconstituer la structure du sol et empêcheront la levée des mauvaises herbes qui tenteraient de se frayer un chemin. Bien que cette méthode mette le terrain travaillé ainsi hors circuit pendant tout l'été, elle vaut la peine d'être essayée. J'ai débarrassé ainsi un terrain de ses cirses des champs et des ses rumex et je n'ai guère eu de problèmes avec ceux-ci depuis. Cette technique est toutefois à proscrire dans les sols ayant une mauvaise structure.

Travailler le sol la nuit !

Des chercheurs ont montré que les problèmes posés par les mauvaises herbes sont fortement réduits si le sol est travaillé la nuit. Les graines de nombreuses espèces de mauvaises herbes sont "induites " par la lumière et germent après en avoir reçu une certaine quantité. C'est ce qui explique le succès du faux semis. Des essais effectués chez des agriculteurs ont montré que le nombre de pieds de gaillet, de mouron et de chénopode était considérablement réduit lorsque le travail du sol était effectué de nuit. Quant à la levée de la fausse camomille et de la linaire mineure, elle était complètement inhibée. Un agriculteur allemand, qui utilise cette méthode depuis des années, a très peu de mauvaises herbes dans ses cultures.

Modifier l'état du sol

Certaines mauvaises herbes prospèrent dans des types de sol particuliers.

Par exemple, le tussilage aime les sols mal drainés. Une des méthodes pour se débarrasser de cette plante est donc d'améliorer le drainage. La spergule, pour prendre un autre exemple, pousse sur les sols acides. Pour vous en débarrasser, vous savez ce qu'il vous reste à faire : apporter un amendement calcaire pour remonter le pH.

Enlever la couche superficielle du sol
Enlever les quelques centimètres de la couche superficielle du sol est efficace à court terme, lorsqu'on nettoie un terrain envahi de mauvaises herbes, mais ce n'est pas une méthode recommandable.

En effet, les plantes à enracinement profond ne tarderont pas à réapparaître à partir des fragments de racines ou de rhizomes restés dans le sol, et vous aurez gaspillé une bonne quantité de sol fertile. Si, malgré tout, vous optez pour ce système, remplacez le sol enlevé par de la matière organique, et mettez-le de côté pendant deux ans : vous pourrez ensuite l'ajouter à un terreau de rempotage.

Double bêchage
Avec le double bêchage, le sol est retourné et les mauvaises herbes sont enterrées la tête en bas. C'est efficace pour nettoyer un terrain très envahi. On trouvera des détails sur cette technique dans "La bonne terre de jardin" (1) .
Quelques conseils :

● Ne mélangez pas la couche arable avec le soussol.

● Les mauvaises herbes risquant de se décomposer en milieu anaérobie, et donc de produire des toxines, ne cultivez pas immédiatement des plantes à enracinement profond.

● Enterrez les plantes vivaces à au moins 15 cm de profondeur, sinon elles réapparaîtront rapidement.

● Si vous avez un tapis de chiendent, par exemple, travaillez le sol avec une bêche à dents ou un croc, et enlevez les racines et les rhizomes à la main.

Planter efficacement

Les godets
Les plantes du jardin ont un très net avantage, dans leur compétition avec les mauvaises herbes, si on leur donne de l'avance au départ. Semez en godets, et non pas directement dans le sol. On trouve dans le commerce toutes sortes de godets, en matière plastique ou en tourbe.

Vous pouvez aussi confectionner vous-même les vôtres :
● En enroulant du papier autour d'un cylindre, et en tordant l'extrémité ; vous aurez ainsi des godets biodégradables.

● En utilisant les cylindres en carton des rouleaux de papier hygiénique.

● En éliminant tout récipient et en confectionnant vous-même, avec un appareil spécial, vos mottes de terreau compressé. Cela vaut bien l'investissement initial.

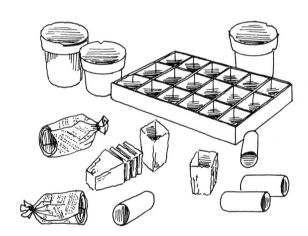

Utilisez pour cela un terreau pour semis biologique ou faites-le vous-même en mélangeant par exemple : 50% de terre de jardin, 40% de compost tamisé, 10% de sable.
Meilleur sera le terreau, plus saines et vigoureuses seront les plantes, qui pourront d'autant mieux prendre le dessus sur les mauvaises herbes.

(1) Editions Terre Vivante

L'espacement

En plantant les légumes et les fleurs annuelles à un faible écartement, vous empêcherez la lumière d'atteindre le sol, ce qui supprimera une partie des mauvaises herbes, notamment annuelles.

Le type de lumière qui filtre à travers les feuilles provoque la dormance de certaines graines de mauvaises herbes. En plantant les légumes en "blocs" plutôt qu'en rangées, non seulement on supprime les mauvaises herbes, mais on utilise l'espace au mieux et réduit la concurrence entre les plantes.

Pervenche

Les espacements suivants donnent les meilleurs rendements lorsque les conditions sont optimales.

Légumes	Distance moyenne entre plante (en cm)
Betterave rouge	20
Fève	25 (poquets)
Chou de Bruxelles	50 (poquets)
Chou d'été	35
Chou d'hiver	45
Brocoli à jets	25
Carotte	5 à 10
Chou-fleur - été	50
- automne	65
- hiver	75
Haricot vert	25 (poquets)
Pomme de terre	30 sur 55

Plus la plantation est rapprochée, et plus chaque plante est petite. Certains légumes, comme l'oignon, n'ont qu'une capacité faible ou nulle à éliminer les mauvaises herbes. Les espèces qui exigent un grand espacement, comme le chou-fleur ou le chou de Bruxelles, peuvent être associées à des plantes à croissance rapide. La laitue pommée est une bonne culture dérobée ; elle peut être plantée en avril et récoltée à la mi-juin. Cela utilisera l'espace au mieux et assurera une couverture du sol qui contribuera à contrôler les mauvaises herbes. Veillez à choisir, comme culture dérobée, une plante qui pousse vite car, si elle entre en concurrence avec la culture principale, elle devient elle-même une "mauvaise herbe".

Plantes couvre-sol

Au jardin d'agrément, des plantes couvre-sol vigoureuses aident à éliminer les mauvaises herbes. On a le choix entre de nombreuses espèces à croissance lente. On peut en semer plusieurs ensemble, pour créer une mosaïque de couleurs et de textures de feuilles.

Quelques bonnes plantes couvre-sol

Alchemilla mollis : soleil ou ombre.

Anthemis nobilis : sol sec et sableux. Feuillage persistant.

Arctostaphylos uva-ursi : sol acide, soleil ou ombre légère. Feuillage persistant.

Asarum europaeum : ombre fraîche et humide. Feuillage persistant.

Ballota pseudodictamnus : plein soleil, sol bien drainé. Feuillage persistant.

Bergenia spp. : soleil ou ombre. feuillage persistant.

Brunnera macrophylla : ombre fraîche et humide.

Campanula portenschlagiana : sol riche, site ensoleillé.

Ceanothus thyrsiflorus repens : talus ensoleillé. Feuillage persistant.

Cerastium tomentosum : site ensoleillé et sec. Feuillage persistant.

Convallaria majalis : ombre humide.

Cotoneaster 'Gnome' : soleil ou ombre. Feuillage persistant.

Euonymus fortunei : sol bien drainé. Feuillage persistant.

Galeobdolon argentatum : sol frais et humide. Feuillage persistant. Envahissant.

Gaultheria procumbens : ombre fraîche et humide, sol acide. Feuillage persistant.

Hedera canariensis, Hedera helix, Hedera colchica : ombre ou soleil. Feuillage persistant. Envahissant.

Hosta sieboldiana : ombre humide.

Hypericum calycinum : sol sableux. Feuillage persistant. Envahissant.

Lamium maculatum : ombre.

Nepeta x fassenii : soleil, sol bien drainé.

Pachysandra terminalis : ombre sèche. Feuillage persistant.

Phlox spp. : soleil, sol bien drainé.

Pulmonaria angustifolia : ombre.

Stachys byzantina : plein soleil, sol bien drainé. Feuillage persistant.

Vancouveria hexandra : sol riche en humus, site ombragé.

Vinca major, Vinca minor : soleil ou ombre. Feuillage persistant. Envahissant.

Waldsteinia ternata : tout type de sol, soleil ou ombre. Feuillage persistant. Envahissant.

Un tapis de graminées est un des couvre-sols les plus efficaces. On peut l'utiliser sous des arbres fruitiers ou des arbres isolés pour contrôler les mauvaises herbes (à condition de tondre ou de faucher régulièrement). On laissera autour de chaque arbre environ 1m2 de sol nu pour éviter la concurrence (voir plus loin).

Quelle que soit l'espèce choisie, il importe :

● De bien préparer le terrain et d'en enlever toutes les mauvaises herbes.

● De mettre en place des plantes saines et vigoureuses, au bon moment, pour qu'elles puissent faire réellement concurrence aux mauvaises herbes.

Mulching

Mulcher consiste à recouvrir le sol. Le mulch empêchant la lumière d'arriver jusqu'à ce dernier, les mauvaises herbes meurent peu à peu. Le mulching peut être pratiqué de multiples manières :

● Pour nettoyer un terrain, si vous avez le temps d'attendre, mais pas le temps de faire un rude travail !

● Pour contrôler les mauvaises herbes dans une partie du jardin pendant que vous vous concentrez sur une autre.

● Pour couvrir le sol autour des plantes bien établies, comme des arbustes.

● Pour planter au travers et éviter ainsi les mauvaises herbes.

Outre le contrôle des mauvaises herbes, le mulching a d'autres effets bénéfiques :

● Il garde l'humidité du sol.

● Il modifie la température du sol et de l'air au niveau du sol.

● Il protège la structure du sol.

● Il nourrit le sol (si c'est un mulch biodégradable).

● Il contribue à maintenir les récoltes propres et exemptes de maladies.

La pratique du mulching
Apportez toujours le mulch sur un sol chaud et humide, afin qu'il le reste. Si le sol est sec, arrosez avant de mulcher. Si le mulch utilisé est fait de matériaux grossiers et aérés, par exemple des copeaux de bois, de la paille ou du compost de

feuilles, plus la couche est épaisse, mieux cela vaut. Ce type de mulch est plus efficace sur les plantes annuelles que sur les vivaces, car des mauvaises herbes telles que le pissenlit peuvent facilement se frayer un passage à travers.

Faites attention lorsque vous mulchez des arbres et arbustes. Beaucoup sont greffés, et si le mulch dépasse le niveau de la greffe, le greffon risque de s'enraciner, ce qui modifierait les caractéristiques de la plante. Le problème de la greffe mis à part, la présence de mulch autour du tronc peut favoriser les ravageurs et la pourriture. Lorsque vous utilisez des matériaux épais, comme de la moquette, fixez-les au sol avec des piquets en fil de fer, que vous pouvez confectionner facilement avec de vieux cintres. Fixés ainsi, les matériaux plus fins pourraient se déchirer ; il est préférable de les maintenir avec des pierres ou d'enterrer leurs bords. Si le mulch est imperméable, constituez un léger remblai avec de la terre du dessous, afin que l'eau puisse s'écouler. Vous ferez d'une pierre deux coups en disposant un mulch de plastique noir sur une légère butte de terre entre vos rangs de haricots grimpants : les mauvaises herbes seront sous contrôle et l'eau de ruissellement arrosera ces plantes avides d'eau. Pour mulcher les arbres, on peut utiliser des carrés de plastique noir de 1,2m2.

Ménagez une fente dans le plastique, placez ce dernier autour de l'arbre (préalablement arrosé) et enterrez les bords, ou maintenez-les avec des pierres. Les légumes et les plants utilisés pour constituer une haie peuvent être plantés à travers des fentes ménagées dans le mulch, ce qui permet de planter avant que le sol soit totalement débarrassé de ses mauvaises herbes.

La meilleure période pour apporter le mulch sur un terrain que l'on veut nettoyer, c'est lorsque les mauvaises herbes commencent à se développer. Si le mulch est mis en place au printemps, la plupart des annuelles et des plantes à enracinement superficiel seront mortes à la fin de l'automne. Il faudra plus d'un an pour se débarrasser des mauvaises herbes à enracinement profond, telles que le liseron, le rumex ou le pissenlit ; celles pourvues d'un bulbe (renoncule bulbeuse) ou de bulbilles (oxalis) peuvent être très persistantes.

Prendre soin des plantes mulchées
L'arrosage ou la fertilisation des plantes mulchées ne pose pas de problèmes. Arrosez copieusement et apportez un fertilisant à action progressive, comme le compost, sous le mulch. Tout arrosage ou apport d'une nourriture liquide par la suite peut être effectué à travers les fentes. Il est possible de disposer des systèmes de goutte à goutte ou des tuyaux percés sous le mulch pour fournir aux plantes mulchées de l'eau, et éventuellement un engrais liquide.

Mulches

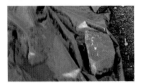

Plastique noir

Plastique tissé

Moquette

Carton

Journal

Compost

Fumier décomposé

Foin

Mulch	*Utilisation*
Plastique noir non tissé Il s'agit de polyéthylène ou de polypropylène. Existe en plusieurs épaisseurs. Durée de vie variant de 1 à 5 ans selon l'épaisseur. Non biodégradable, mais brûle sans causer de pollution.	• Intéressant pour mulcher les haies, le pourtour des arbres et des arbustes ou certaines plantes vivaces. • Utilisable également pour nettoyer un terrain et se débarrasser des vivaces.
Plastique tissé En polypropylène. Présente l'avantage d'être perméable à l'air et à l'eau, mais laisse des "ficelles" qui risquent de s'entortiller autour des plantes. Non biodégradable.	• Intéressant pour les cultures pérennes puisqu'on peut continuer à nourrir et à arroser les plantes. • Ne convient pas lorsque le chiendent pose un problème, car les rhizomes arrivent à le percer.
Paillage végétal du commerce On trouve dans le commerce différents mulchs végétaux, vendus en rouleaux, de composition variable (fibres de bois, déchets de coton, de lin, de jute, de coco). Durée de vie de 1 à 3 ans selon le fabricant. Présentent le gros avantage d'être biodégradables et de nourrir (un peu) le sol.	• Mêmes utilisations que les mulchs en matière plastique : haies, arbres, arbustes, plantes vivaces, nettoyage d'un terrain envahi de mauvaises herbes et notamment de vivaces.
Dalles végétales Dalles de fibres compressées (fibres de bois agglomérées par 5% de bitume), que l'on place au pied des arbres nouvellement plantés. Existent en différents formats. Durée de vie : 4 ans. Biodégradable.	• Intéressantes pour mulcher les jeunes arbres et arbustes, mais assez coûteuses.
Moquette récupérée N'utiliser que de la moquette de laine épaisse et sur toile. Supprimera les mauvaises herbes pendant au moins une saison, puis pourrira lentement.	• Convient pour nettoyer un terrain. • Peut être mise dans les allées, et recouverte de copeaux ou d'écorces pour des raisons esthétiques.
Carton Prenez des cartons mis à plat et faites chevaucher les bords. Biodégradable.	• Convient pour nettoyer un terrain. • Mulch autour des arbres et des arbustes.
Journaux Se limiter aux journaux en noir et blanc, les encres de couleurs contenant des métaux lourds polluants. Plusieurs épaisseurs sont nécessaires. Biodégradable, mais assez lentement car le papier durcit lorsqu'il est soumis aux intempéries.	• Sur les chemins. • Autour des plantes pérennes. • Associés à un autre mulch pour en prolonger la durée de vie.
Compost Apporte des éléments nutritifs. Généralement trop précieux pour être apporté en couche épaisse.	• Légumes ayant un cycle végétatif long.
Fumier décomposé Comme ci-dessus. Risque moins de "brûler" les plantes et de voir ses éléments nutritifs lessivés lorsqu'il est composté.	• Cultures exigeantes (cucurbitacées, cassis, etc.). • Réduit la maladie des taches noires du rosier en diminuant la recontamination des feuilles par les spores.
Foin Apporte des éléments nutritifs. Biodégradable. Isole le sol. Peut contenir des graines de mauvaises herbes.	• Autour des arbres fruitiers et des arbustes. • Plates-bandes ou des planches de légumes si les plants sont mis en place lorsque le foin est déjà partiellement décomposé.

Paille

Terreau de feuilles

Tontes de gazon

Ecorce

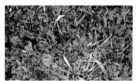

Sciure de bois

Bois de taille broyé, copeaux

Compost de champignonnière

Gravier

Mulch	*Utilisation*
Paille Dure plus longtemps que le foin. Peut créer une "faim d'azote" dans le sol si elle est incorporée. Risque de contenir des résidus d'herbicides. La paille partiellement décomposée est préférable, car elle ne s'envole pas ! Biodégradable.	● Autour des plantes vivaces. ● Sous des plantes telles que les fraisiers ou les courgettes. (évite le salissement des fruits). ● Peut remplacer le buttage pour les pommes de terre. ● En disposant de la consoude ou des orties en-dessous on évite la faim d'azote. ● Utilisable sur les chemins séparant les planches, mais elle attire les limaces.
Terreau de feuilles Gratuit ! Fournit progressivement de l'humus et des éléments nutritifs. Mettre les feuilles à pourrir en tas ou dans un silo à compost. Eviter, si possible, les feuilles d'arbres urbains, qui risquent d'être polluées par le plomb.	● Plantes annuelles et vivaces. ● Ne pas mettre sur les chemins.
Tourbe Matière non renouvelable et inacceptable du point de vue écologique.	● A ne pas utiliser.
Tontes de gazon Mulch riche en éléments nutritifs. Ne risque pas de prendre l'azote du sol ; lui en apporte au contraire. Peut contenir des graines de mauvaises herbes. Biodégradable.	● A apporter en couche peu épaisse, à renouveler fréquemment ; trop épais, elles forment une barrière compacte. ● Autour des plantes annuelles et vivaces. ● Très utile autour des oignons pour contrôler les mauvaises herbes et pour leur apporter des éléments nutritifs.
Ecorce Esthétique, biodégradable. Dure longtemps ! Doit être compostée, pour éliminer les agents pathogènes et la résine. Les phénols contribuent au contrôle des mauvaises herbes, des ravageurs et des maladies.	● Seulement sous les plantes bien établies. ● A appliquer sur un autre mulch pour éviter son incorporation et la faim d'azote. ● Esthétique autour des plantes ornementales. ● Intéressant pour les chemins.
Sciure de bois Risque de provoquer une faim d'azote. Peut prendre en masse et empêcher le passage de l'eau. Vérifier l'origine pour s'assurer qu'elle ne contient pas de résidus de pesticides.	● Dans les allées ou les chemins.
Bois de taille broyés, copeaux de bois Gratuit (si vous disposez d'un broyeur).	● Autour des arbres et arbustes. ● A ne pas utiliser autour des plantes dont provient le bois de taille, pour éviter la propagation des maladies.
Compost de champignonnière Se limiter au compost des champignonnières biologiques ; les autres risquent de contenir des résidus de pesticides. Riche en calcium, pH élevé.	● Autour des annuelles et des vivaces. ● Ne convient pas aux plantes aimant un sol acide comme les rhododendrons ou les azalées.
Pierres plates, gravier Non biodégradable, mais sans danger pour l'environnement.	● Esthétique dans les allées, les jardins alpins, les jardins de rocaille. ● Dans le carré des plantes aromatiques.

Les engrais verts

Un engrais vert est une plante cultivée pour être incorporée au sol. De nombreux engrais verts, constituant des mulchs vivants, contribuent au contrôle des mauvaises herbes.

● Le seigle étouffe efficacement les mauvaises herbes. Il supporte les sols humides et peut venir en complément du travail du sol pour débarrasser un terrain des mauvaises herbes vivaces (voir page 46).

● Certaines légumineuses comme la minette (*Medicago lupulina*) ou le trèfle violet (*Trifolium pratense*) conviennent comme couvre-sol sous les plantes hautes et à grand espacement comme le maïs doux ou le chou de Bruxelles.

● La phacélie (*Phacelia tanacetifolia*) est utilisable comme couvre-sol entre des arbustes bien implantés.

Seigle

Lotier corniculé

Trèfle

Phacélie

La rotation des cultures

Elle peut contribuer à contrôler non seulement les mauvaises herbes mais aussi les ravageurs et les maladies.

On alternera les cultures facilement envahies par les mauvaises herbes avec les cultures nettoyantes. Un exemple de rotation de 4 ans est donné dans le tableau ci-après.

Un autre, pour un petit jardin, est illustré par la photo ci-dessous.

Dans la rotation de 4 ans, les pommes de terre et les engrais verts agissent comme des plantes nettoyantes. Les légumes non inclus dans cet exemple, comme les courges, les courgettes et les potirons, peuvent être introduits de manière à aboutir à une rotation de 5 ans. Ce sont de bonnes plantes couvre-sol.

Année	Cultures	Fertilisation	Commentaires
1	Pommes de terre/ tomates, éventuellement suivies d'un engrais vert, ex. : seigle.	Fumier/compost	Couvrent le sol, et suppriment les mauvaises herbes.
2	Pois/ haricots/ fèves, éventuellement suivis par un engrais vert.	Aucune (ces plantes fixent leur propre azote).	Ces cultures peuvent être concurrencées par les mauvaises herbes. L'engrais vert contribue à les éliminer et couvre le sol en hiver.
3	Choux	Apport éventuel, selon la nature du sol, d'un amendement calcaire.	On peut leur associer une légumineuse (engrais vert) semée sous couvert pour protéger le sol et lutter contre les mauvaises herbes.
4	Légumes-racines/oignons, suivis par un engrais vert à croissance rapide, comme la moutarde, avant de revenir aux pommes de terre.		Enracinement profond. Peuvent être concurrencés par les mauvaises herbes. Les carottes le sont moins si elles sont semées à faible écartement.

Quatre planches surélevées nouvellement établies, prêtes pour une rotation

Les planches surélevées

Ce système (voir photo) facilite le contrôle des mauvaises herbes de plusieurs manières :

● Le sol n'étant pas travaillé, les graines dormantes ne sont pas exposées à la lumière et leur germination n'est pas stimulée.

● Les mauvaises herbes vivaces peuvent facilement être arrachées à la main, sans déranger les plantes voisines, car le sol a une bonne structure.

● Les planches peuvent être complètement recouvertes de mulch et recevoir des plants en godets, ce qui élimine toutes les mauvaises herbes annuelles.

● La disposition en rangs n'est pas nécessaire puisqu'on ne marche pas sur le sol. L'espacement entre les plantes peut donc être optimum afin de limiter le développement des mauvaises herbes et d'utiliser l'espace au mieux.

● Les planches sont des unités de dimensions réduites, que l'on peut travailler et désherber en une fois ; c'est beaucoup plus satisfaisant qu'un jardin qui semble ne jamais finir. Pour construire les planches surélevées, on commence par travailler le sol de l'ensemble du carré, puis on marque des planches de 1,20 m de large, séparées par des chemins de 45 cm. On répartit alors la terre des chemins sur les planches. Ces dernières doivent si pos-

sible être orientées nord sud, pour recevoir le maximum de lumière. On peut maintenir les chemins propres par un mulch de moquette ou de paille ; mais cela attire les limaces. Il est préférable de maintenir les chemins propres par des sarclages. C'est plus intéressant que d'arracher les plantes vivaces poussant dans les chemins, car les herbes coupées se régénèrent et peuvent être compostées. On bénéficie ainsi des éléments nutritifs présents dans le sol des chemins.

Maintenir les mauvaises herbes à distance

Une fois que vous avez débarrassé votre jardin de ses mauvaises herbes, vous devez le protéger contre les visiteurs indésirables. De nouvelles mauvaises herbes ne demandent, en effet, qu'à venir vous envahir, sous forme de graines, de racines rampantes, de rhizomes ou de stolons.

Les graines
Une bonne partie des graines transportées par l'air peut être arrêtée par une clôture ou une haie entourant votre jardin ou le lotissement. Un peu d'astuce peut aussi être utile. J'ai un jour ramassé toutes les fleurs de tussilage de mon voisin avant qu'elles ne mûrissent leurs graines, en lui expliquant que je

voulais en faire du vin. Le vin fut excellent et j'eus beaucoup moins de jeunes tussilages dans mon jardin l'année suivante. Certaines graines, s'accrochant aux vêtements et à la fourrure des animaux, arrivent dans votre jardin avec vos visiteurs, humains et animaux. Je ne vous suggère pas de faire de votre jardin une zone interdite !

Mais il peut être amusant d'observer quelles graines arrivent par cette voie. La population de mauvaises herbes de mon jardin varie selon les autres jardins dans lesquels je travaille !

Ainsi, après avoir travaillé dans un ancien jardin entouré de murs, des molènes, des buglosses et des pavots commencèrent à apparaître un peu partout dans mon propre jardin. Cela me changea agréablement des tussilages et du chiendent dont je l'avais débarrassé l'année précédente.

Sir Edward Salisbury, expert en mauvaises herbes et passionné par elles, cultiva plus de 300 mauvaises herbes, appartenant à 20 espèces différentes, à partir du contenu du revers de son pantalon. Un autre chercheur, H.T. Clifford, fit pousser 43 espèces - un quart d'entre elles étant des graminées - à partir de la boue de ses chaussures ! Les graines de mauvaises herbes peuvent également pénétrer dans votre jardin avec le fumier, après avoir survécu à la traversée du tube digestif des animaux. Le compostage détruit de nombreuses graines, mais certaines survivent à la chaleur. Les graines des mûres peuvent même germer après avoir bouilli lors de la préparation de la gelée !

Les mauvaises herbes rampantes

Racines, rhizomes et stolons rampants peuvent être arrêtés. Si votre jardin est clôturé, creusez sous la clôture, une tranchée de 15 cm et fixez, au bas de la clôture, une bande de polyéthylène épais dont vous enfouirez le bas dans la tranchée. Personnellement, je ne suis pas partisan du plastique dans mon jardin

Fixation du polyéthylène à une clôture

et j'ai disposé des parpaings et des pierres plates sous ma clôture.

Cela arrête effectivement l'herbe-aux-goutteux et le lierre. En maintenant les vivaces hors des limites du jardin, on réduit le problème des limaces, ces ravageurs ayant tendance à se cacher dans les mauvaises herbes vivaces et à s'aventurer dehors la nuit pour manger vos plantes. Si la pose d'une clôture est interdite ou impossible ; contentez-vous de creuser une tranchée en bordure du jardin, en veillant à bien la signaler ou à la recouvrir de planches. Enfin, lorsque vous mettez en place de nouvelles plantes vivaces, regardez si leurs racines ne cachent pas des morceaux de racines ou de tiges de mauvaises herbes, par exemple de liseron ou d'herbe-aux-goutteux. Un peu de vigilance à ce moment-là vous épargnera d'interminables désherbages.

Supprimer les mauvaises herbes

Malgré tous vos efforts pour garder votre jardin vierge de toute mauvaise herbe, vous en verrez quand même apparaître. Il importe d'éliminer les plus tenaces le plus tôt possible, avant qu'elles ne se développent et ne se disséminent. Vous avez le choix entre plusieurs méthodes.

Le sarclage

C'est la technique la plus rapide pour vous débarrasser des annuelles, qui ne se régénèrent pas. Le sarclage ne tuera les vivaces les plus tenaces que si vous les empêchez de dépasser la surface du sol. Lorsqu'on sarcle, on déplace la lame en avant et en arrière, parallèlement à la surface du sol, à faible profondeur, pour couper les jeunes pousses.

Quelques conseils :

● Veillez à ce que la lame soit toujours bien affûtée.

● L'idéal est de sarcler lorsque le temps est chaud et sec, alors qu'il reste de l'humidité juste au-dessous de la surface du sol. Si vous sarclez un sol humide, les plantes se réenracineront aussitôt.

● On peut sarcler entre les plantes ou entre les rangées, ou sur toute la surface pour nettoyer un carré avant de semer, ou pour entretenir des chemins couverts de graviers.

● Sarclez fréquemment, lorsque les mauvaises herbes sont encore petites.

● Ne sarclez pas l'oxalis, cela ne fait que l'encourager !

● Evitez d'endommager les racines lorsque vous sarclez près des plantes cultivées à enracinement superficiel.

● Lorsqu'on sarcle des plantes vivaces, le choix du moment est important ; par exemple, si le cirse des champs est sarclé au printemps, il ne s'en régénère que mieux.
L'explication, c'est que les réserves des racines s'épuisent au cours de la saison pour nourrir la tige fructifère.

● Trop sarcler peut nuire au sol en détruisant sa structure ; ne soyez donc pas trop zélé.

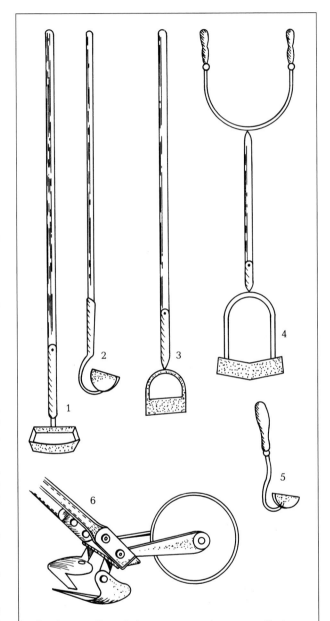

1. Sarcloir oscillant : la lame pouvant pivoter, on effectue un mouvement de va-et-vient.
2. Sarcloir à tirer.
3. Sarcloir à pousser.
4. Sarcloir à deux manches : intéressant pour nettoyer un terrain.
5. Sarcloir à oignons : utile pour sarcler autour des plantes à faible espacement.
6. Houe à bras : beaucoup plus rapide et efficace que les sarcloirs à pousser, surtout lorsqu'on a de longues rangées. L'écartement des lames peut être réglé en fonction des distances de plantation.

Le désherbage manuel

De nombreuses mauvaises herbes peuvent être arrachées à la main, ce qui peut être une activité relaxante et thérapeutique, ou au contraire un supplice pour le dos. C'est dans les planches surélevées et les sols légers que le désherbage manuel est le plus facile. Pour bien des annuelles, comme la cardamine, la bourse-à-pasteur, le séneçon ou le chénopode, l'arrachage manuel (avant que les plantes montent à graines) se justifie. Dans les sols meubles et profonds, il est même possible d'arracher à la main certaines vivaces. Le rumex ne se régénère pas facilement si les 5 cm supérieurs de la racine sont arrachés. L'intérêt du désherbage manuel ne doit pas être sous-estimé, car il permet de tout enlever, avec précision et sans endommager les plantes voisines.

Pyrodésherbage

Cette technique destinée à détruire les mauvaises herbes par la chaleur est moins brutale qu'il n'y paraît. Il s'agit, non pas d'incinérer les mauvaises herbes, mais de passer une flamme au-dessus d'elles jusqu'à ce qu'elles changent de couleur. La chaleur fait éclater les parois cellulaires et la plante meurt. Les plantules sont détruites très rapidement alors que les plantes vivaces auront besoin de plusieurs passages, à une semaine d'intervalle.

Où utiliser votre pyrodésherbeur ?
● Dans les chemins et les allées.

● Sur les murs et aux abords immédiats de la maison.

● Dans votre pépinière et vos semis en place, entre le semis et la levée.

● Entre les rangs de légumes.

Un truc pour vos semis
Placez un morceau de verre sur une partie du rang semé. Lorsque les plantules apparaîtront sous le verre (avec 2 ou 3 jours d'avance sur le reste du rang), passez le pyrodésherbeur sur le sol pour tuer les mauvaises herbes avant que la majorité de votre semis n'ait levé.
Certaines plantes, comme l'oignon ou le maïs doux, supportent sans dommage un passage rapide, en cours de croissance, du pyrodésherbeur.
Des recherches ont également montré que le pyrodésherbage du fraisier, avant l'apparition des boutons, réduit le risque de botrytis et augmente la richesse en sucre des fraises. Ne fabriquez pas vous-même votre appareil à pyrodésherber. Il est plus sûr de l'acheter dans le commerce.

Idées nouvelles

La lutte biologique contre les mauvaises herbes sera peut-être un jour à la portée des jardiniers.

● De nombreux chercheurs travaillent sur le contrôle biologique des mauvaises herbes par des parasites ou des agents pathogènes. Il est possible, par exemple, d'utiliser la larve d'un papillon sud-africain pour contrôler les fougères. Ces méthodes doivent cependant être maniées avec de grandes précautions, en raison du risque de perturber l'équilibre écologique en introduisant une nouvelle espèce.

● Des animaux domestiques tels que les oies, les canards et les poules ont été utilisés pour contrôler les mauvaises herbes dans des plates-bandes vivaces arbustives, mais il y a un risque de compactage du sol.

● Certaines plantes ont également été expérimentées. *Tagetes minuta* est une grande plante semi-rustique qui, selon certains, pourrait contrôler le chiendent et l'herbe-aux-goutteux. La tomate et l'armoise ont la réputation de ralentir la croissance des plantes voisines, mauvaises herbes comprises. C'est ce qu'on appelle l'allélopathie. L'efficacité de ces méthodes n'est pas encore démontrée, mais cela vaut la peine de les essayer si tout le reste a échoué.

Le contrôle des mauvaises herbes dans les pelouses

Pelouse envahie de mauvaises herbes

Si vous regardez une pelouse de près, vous vous apercevrez que, dans la plupart des cas, le gazon est fait de toutes sortes de plantes, que ce soient des graminées ou des espèces à feuilles larges.

Les jardiniers biologiques acceptent en général cette situation, qui permet à la pelouse d'abriter une faune variée. Un mélange d'espèces lui donne également un air de bonne santé, et assure un couvert végétal dans toutes sortes de situations. Peut-être souhaiterez-vous même créer une prairie sur une partie de votre pelouse.

Pour que les fleurs puissent concurrencer les graminées dans une prairie, le sol doit être peu fertile ; vous devez donc ramasser les tontes d'herbe pendant une année, ou encore enlever une petite épaisseur de la couche arable, pour l'utiliser ailleurs dans le jardin. Semez vos fleurs en pots, en choisissant des espèces de prairies adaptées à votre sol.

Après une bonne préparation du lit de semence, semez en place un mélange de graminées fines spécialement adaptées à votre sol. Puis mettez les fleurs en place en groupes, au milieu des graminées, pour leur assurer un bon départ. Dans le cas d'une prairie de printemps, ne commencez à tondre qu'en juillet.

Parmi les espèces qui conviennent : cardamine des prés, coucou, stellaire graminée, brunelle vulgaire, bugle, pâquerette, porcelle, liondent hérissé, pissenlit, rinanthe, pimprenelle. Si votre but est une prairie estivale, tondez jusqu'en juin, puis de nouveau à partir de fin septembre.

Parmi les espèces adaptées : centaurée, caille-lait, pied-d'alouette, scabieuse, grande marguerite, renoncule âcre, achillée, millepertuis, salsifis. Ménagez des passages tondus ou fauchés au milieu de la prairie pour la rendre accessible et attractive.

Bref, le meilleur conseil pour désherber une pelouse est de ne pas la désherber.
Si vous tenez à une pelouse faite exclusivement de graminées, le tableau ci-après vous indiquera comment contrôler les mauvaises herbes les plus tenaces. N'utilisez pas d'herbicides sur les pelouses. Ce sont des espaces pour les loisirs et les plaisirs, pas pour les poisons.

Mousse dans une pelouse

Mauvaise herbe	Contrôle	Mauvaise herbe	Contrôle
Trèfle, Minette, Lotier	Apportez au printemps un fertilisant riche en azote, et faites un nouvel apport en automne. Mettez le ramasse-herbe sur la tondeuse pour éliminer les graines. Ratissez le gazon pour redresser les tiges avant de tondre.	**Vivaces à grandes feuilles (par exemple houque laineuse)**	Peuvent survivre à la tondeuse. Arrachez les petites touffes à la main et ressemez. Pour les grandes surfaces, coupez les touffes avec un couteau ou un outil tranchant avant de tondre pour les affaiblir
Pâquerette	Mauvaise herbe commune des sols compactés et des pelouses tondues trop ras. Eliminez les causes.	**Petite oseille, Houque molle**	La présence de cette plante, associée à des graminées clairsemées, indique un sol très acide. Apportez en automne ou en hiver du calcaire broyé (70g/m2).
Cirse, Plantain, Pissenlit, Brunelle	Désherbez à la main ou coupez sous la surface du sol avec un vieux couteau de cuisine. Un traitement localisé avec du sel est efficace dans certains cas, mais il faudra ressemer les zones traitées après que le sel aura été lessivé.		
Achillée	Améliorez la fertilité de la pelouse.	**Alchémille, Sagine**	On les contrôle en stimulant la vigueur de l'herbe par des apports de fertilisant. Arroser en cas de sécheresse. Ne tondez pas trop ras, car cela favorise ces plantes.
Mousses	Se développent dans les sols gorgés d'eau. On les trouve également dans les sols sableux fertiles, les sols acides, à l'ombre, lorsque l'herbe est coupée trop ras, ou encore après des périodes de sécheresse estivale. Eliminez les causes. Enlevez les touffes de mousse mortes au râteau et ressemez immédiatement des graminées pour empêcher les mauvaises herbes de prendre la place.	**Mouron des oiseaux**	Passez le croc ou le scarificateur.
Paturin annuel	De grosses touffes de cette plante sont indésirables car elle est sensible aux maladies et à la sécheresse. Pour s'en débarrasser, remédiez au compactage, réduisez l'ombre et mettez le ramasse-herbe sur la tondeuse pour éliminer les graines.	**Plantes à rosettes**	Utilisez une gouge spéciale pour désherbage.

Les mauvaises herbes ligneuses

Les arbres et les autres vivaces ligneuses sont précieux au jardin, mais il peut être nécessaire de les contrôler.

Jeunes plants d'arbres
Les graines d'arbres sont apportées au jardin par le vent ou par les animaux. Les graines transportées par le vent, comme celles du sycomore et du frêne, sont en général celles qui posent le plus de problèmes.

Jeunes arbres prenant possession d'un terrain

● Arracher les jeunes arbres le plus tôt possible, car ils développent de puissantes racines pivotantes alors que leur hauteur ne dépasse pas quelques centimètres. Les replanter éventuellement dans un endroit approprié.

Drageons d'arbres
De nombreux arbres et arbustes de jardin produisent des drageons ; c'est le cas du peuplier, du lilas, du sumac, du cornouiller, du myrobolan (très utilisé comme porte-greffe pour les cerisiers à fleurs, les pruniers et les amandiers).
● Couper les drageons avec un couteau bien aiguisé, un sécateur ou une petite scie. Couper aussi près que possible de l'origine, si possible au ras de la racine qui leur a donné naissance.

Ronces
● Déterrer les extrémités des pousses qui se sont enracinées là où elles ont touché le sol.

Les chèvres mangent vraiment les ronces !

● Couper l'extrémité des tiges avant qu'elles ne s'enracinent.
● Utiliser une chèvre. (J'ai hérité un jardin de ronces et une chèvre a fait pour moi tout le gros travail en six mois).

Bambous
● Couper au niveau du sol, en avril, les touffes envahissantes. Utiliser les cannes dans le jardin.

Lierre
Le lierre n'abîme pas les murs s'ils sont en bon état, mais, si on ne le surveille pas, il peut endommager les gouttières et accélérer la désagrégation des mauvais murs. Il ne tue pas les arbres sains, mais il peut masquer certains dommages et, en cas de tempête, aggraver les dégâts car il donne prise au vent.
● Si le lierre est une source de problèmes, on le coupera au niveau du sol. Laissez-le s'il ne provoque pas de dégâts, car c'est une bénédiction pour la faune, à laquelle il fournit abri et nourriture. Ayant achevé la lecture de ce livre, j'espère que vous cesserez de considérer bon nombre de plantes de votre jardin comme des mauvaises herbes. Si vous parvenez à comprendre vos "mauvaises herbes", vous pourrez les contrôler plus facilement mais, de grâce, laissez-en un peu pour la vie sauvage. Ce sont des plantes incroyablement efficaces et, lorsqu'elles sont à leur place, elles méritent d'être traitées avec respect.

L'arsenal anti-mauvaises herbes

Le tableau résume les techniques de contrôle des mauvaises herbes qui peuvent être appliquées
dans les différentes situations

Situation	Contrôle des mauvaises herbes	Pages
Terrain négligé	● Mulcher.	49 - 51
	● Travailler plusieurs fois au rotovator, puis semer un engrais vert	46 - 52
	● Modifier les caractéristiques du sol.	47
	● Arracher les mauvaises herbes à la main.	57
	Ensuite :	
	● Apporter de la matière organique bien compostée.	44 - 45
	● Au départ, planter à travers un mulch.	49 - 51
	● Maintenir le sol couvert par une culture.	48 - 49
	● Planter une culture nettoyante, comme la pomme de terre.	53
	Toutefois, cette dernière n'élimine pas le chiendent.	
Semis	● Pratiquer le faux-semis.	46
	● Sarcler.	56
	● Pyrodésherber.	57
	● Maintenir le sol couvert par du mulch ou, s'il n'est pas utilisé,	49 - 52
	par un engrais vert.	
	● Maintenir les mauvaises herbes à distance.	54 - 55
Plates-bandes de plantes annuelles	● Préparer le sol bien à l'avance.	46 - 47
	● Pratiquer le faux-semis.	46
	● Sarcler.	56
	● Pyrodésherber.	57
	● Planter à travers un mulch.	49 - 51
	● Maintenir le sol couvert en plantant à faible espacement	48 - 49, 52
	et en semant des engrais verts.	
	● Choisir une bonne rotation.	53
	● Désherber à la main.	57
	● Apporter de la matière organique bien compostée.	44 - 45
	● Eviter les apports de mauvaises herbes de l'extérieur.	54 - 55
	● Planter au bon moment.	47
	● Utiliser des plants sains.	47 - 55
Plates-bandes de plantes vivaces	● Préparer le terrain et éliminer les mauvaises herbes avant	46 - 47
	de planter.	
	● Planter à travers un mulch.	49 - 51
	● Semer des plantes couvre-sol sous les vivaces.	48 - 49
	● S'assurer que les plants sont dépourvus de racines	55
	de mauvaises herbes.	
	● Utiliser des souches saines.	47, 55
	● Garder de l'avance sur les mauvaises herbes, en sarclant	56 - 57
	ou en les arrachant dès leur apparition (éviter de sarcler	
	autour des plantes vivaces à enracinement superficiel).	
Pelouses	● Entretenir la pelouse selon un programme bien adapté.	58 - 59
	● Désherber à la main.	
Chemins	● Enlever toutes les mauvaises herbes avant d'établir le chemin.	46 - 47, 56 - 57
	● Mettre un mulch, tel que du plastique noir, recouvert de copeaux	49 - 51, 54
	ou de graviers.	
	● Sarcler.	56
	● Désherber à la main.	57
	● Pyrodésherber.	57
Mauvaises herbes ligneuses	● Les couper si elles constituent un problème.	60

Glossaire

Alcaloïde : substance toxique contenue dans certaines plantes.

Activateur de compost : produit contenant de l'azote, des bactéries et des plantes, destiné à accélérer le compostage.

Allélopathie : capacité de certains végétaux d'empêcher, par l'émission de substances toxiques, le développement d'espèces voisines.

Barbe : excroissance rigide, ressemblant à un poil, en général à l'extrémité d'un organe.

Bulbe : ensemble végétal formé par une tige de longueur très réduite, portant des feuilles à structure très modifiée et contenant des substances de réserve.

Bulbille : petit bulbe se développant sur une tige.

Compacté (sol) : rendu compact par une pression exercée par en haut, ou en raison d'un défaut de structure.

Culture dérobée : plante à croissance rapide, utilisée pour occuper un espace disponible temporairement.

Culture nettoyante : culture qui limite le développement des mauvaises herbes.

Double bêchage : travail du sol sur une profondeur de deux fers de bêche.

Elément nutritif : tout élément minéral absorbé par la plante comme nourriture.

Faux-semis : préparation à l'avance du lit de semence, destinée à provoquer la levée des mauvaises herbes, qui pourront être sarclées avant le semis.

Gaine : partie d'une feuille située à la base de celle-ci et entourant la tige.

Gazon : mélange de graminées.

Goutte à goutte : système d'irrigation dans lequel l'eau s'échappe goutte à goutte de trous percés dans un tuyau.

Engrais vert : plante cultivée pour être incorporée au sol.

Faim d'azote : carence en azote provoquée par la décomposition de matières organiques riches en carbone et pauvres en azote.

Herbicide : produit chimique destiné à tuer les mauvaises herbes.

Humus : ensemble de substances organiques complexes constituant les réserves de matière organique du sol et résultant de la transformation des matières organiques jeunes.

Hybridation : croisement de deux individus génétiquement différents, donnant naissance à une descendance dont les individus sont appelés hybrides.

Marcotte : pousse qui se courbe vers le sol et s'enracine.

Matière organique : matière constituée de résidus de plantes et d'animaux morts.

Noeud : endroit de la tige d'une plante où une ou plusieurs feuilles prennent naissance.

Ombellifères : famille de plantes incluant le persil, la carotte, la ciguë.

pH : mesure de l'acidité du sol. A pH 7, le sol est neutre. Il est acide si le pH est inférieur à 7, alcalin (ou basique) s'il est supérieur.

Porte-greffe : plante fournissant les racines pour une autre espèce ou variété qui est greffée dessus.

Racine pivotante : racine primaire, robuste et persistante.

Rhizome : tige souterraine horizontale.

Rosette : ensemble de feuilles rayonnantes et partant d'une tige courte, au niveau du sol.

Scion : arbre d'un an de greffe.

Stolon : tige rampante qui porte de jeunes plantes.

Index Les titres de chapitre sont indiqués en caractère gras.